MIX
Papier aus verantwortungsvollen Quellen
Paper from responsible sources
FSC® C105338

Sven Paulsen

Hedgefonds und die Finanzkrise

Anatomie eines Hedgefonds-Zusammenbruchs

Diplomica® Verlag GmbH

Paulsen, Sven: Hedgefonds und die Finanzkrise: Anatomie eines Hedgefonds-Zusammenbruchs, Hamburg, Diplomica Verlag GmbH 2012

ISBN: 978-3-8428-8633-9
Druck: Diplomica® Verlag GmbH, Hamburg, 2012
Covermotiv: ® ClipDealer GmbH

Bibliografische Information der Deutschen Nationalbibliothek:
Die Deutsche Nationalbibliothek verzeichnet diese Publikation in der Deutschen Nationalbibliografie; detaillierte bibliografische Daten sind im Internet über http://dnb.d-nb.de abrufbar.

Die digitale Ausgabe (eBook-Ausgabe) dieses Titels trägt die ISBN 978-3-8428-3633-4 und kann über den Handel oder den Verlag bezogen werden.

Inhaltsverzeichnis

Abkürzungsverzeichnis

Abb.	Abbildung
AG	Aktiengesellschaft
AIMR	Association-for-Investment-Management-and-Research
AMEX	American-Stock-Exchange
AR	Autoregressive
ARCH	Autoregressive-Conditional-Heteroscedasticity
ARMA	Autoregressive-Moving-Average
ASX	Australien-Stock-Exchange
Aufl.	Auflage
AUM	Assets-under-Management
BANK	Datastream-Bank-Stock-Index
bill.	Billionen
bspw.	beispielsweise
bps.	Basispunkte
bzw.	beziehungsweise
ca.	circa
CBOE	Chicago-Board-Options-Exchange
CEPR	Center-for-Economic-Policy-Research
cet.par.	ceteris paribus
CFA	Chartered-Financial-Analyst
CFACPR	Cumulative-Factor-to-Adjust-Price
CFO	Chief-Financial-Officer
CFR	Center-for-Financial-Research
CFTC	Commodity-Futures-Trading-Commission
CMSB	Capital-Market-Safety-Board
COUNT	„Contagion“ (-Variable)
COUNT8	„Contagion“ (-Variable)
CRSPRD	Credit-Spread-Index
CRSP	Center-for-Research-in-Security-Prices
CS	Credit-Suisse
CSFB	Credit-Suisse-First-Boston
d.h.	das heißt
Ed.	Edition

et al.	et alii
etc.	et cetera
EVT	Extreme-Value-Theory
f.	folgend
FED	Federal-Reserve-System
FRBNY	Federal-Reserve-Bank-of-New-York
FLOW	Nettofluss-Index
FRB	Federal-Reserve-System
F&E	Forschung & Entwicklung
GARCH	Generalized-Autoregressive-Conditional-Heteroscedasticity
ggf.	gegebenfalls
HFR	Hedge-Fund-Research
Hrsg.	Herausgeber
i.H.v.	in Höhe von
IMF	International-Monetary-Fund
Inc.	Incorporate
IOP	Initial-Public-Offerings
i.V.m.	in Verbindung mit
LAPM	Liquidity-Based-Asset-Pricing-Model
LM	Lehman Brothers
Log	Logarithmus
LR	Lee & Ready
LTCM	Long-Term-Capital-Management
m.a.W.	mit anderen Worten
Mio.	Millionen
Mrd.	Milliarden
MSCI	Morgan-Stanley-Capital-International
NASDAQ	National-Association-of-Securities-Dealers-Automated-Quotations
NBER	National-Bureau-of-Economic-Research
NMS	National-Market-System
Nr.	Nummer
NTSB	National-Transportation-Safety-Board
NYSE	New-York-Stock-Exchange
NYU	New-York-University
OCC	Office- of-the-Comptroller-of-the-Currency

o.e.	oben erwähnt
PBI	Primer-Broker-Stock-Index
PFTS	Primitive-Trend-Following-Strategy
Q	Quartal
Repo	Repurchase-Agreement
REPO	Repo-Markt-Index
R&D	Research-and-Development
S.	Seite
SEC	Securities-and-Exchange-Commission
Sgn	Signum
SOES	Small-Order-Executions-System
sog.	so genannt
SUE	Standardized-Unexpected-Earnings
STKLIQ	Amihud-Illiquiditäts-Schätzung
S&P	Standard & Poor's
TASS	Trading-Advisor-Selection-System
TAQ	Trade-and-Quote
u.a.	unter anderem
US	United-States
USA	United-States-of-America
USB	Union-de-Banques-Suisses
USD	United-States-Dollar
usw.	und so weiter
VaR	Value-at-Risk
vgl.	vergleiche
z.B.	zum Beispiel

Symbolverzeichnis

Kapitel 1 und Kapitel 2:

A	Parameter
$\propto$	Parameter
λ	Interaktion zwischen den Market-Makern und der öffentlichen Ordnung
β	Beta
c	$(N \times 1)$-Reihenvektor
ζ	zufällige White-Noise-Variable
D	Dezil-Ranking
$\in$	Einfluss eines zufälligen idiosynkratrischen Nachfrage- bzw. Angebotsschocks
f	Faktor
i	Wertpapier
I	Investment
ι	$(N \times 1)$-Einheitsvektor
j	Parameter
k	Parameter
L_p	Rendite eines Portfolios mit Leverage
l	Lag
N	Anzahl Wertpapiere
η	idiosynkratrische Fluktuationen in den Renditen
m	Minuten
$\mathcal{M}$	Matrix
π	Profit der Strategie
δ	Einfluss des Turnovers
θ	Geschwindigkeit der Mean-Reversion
Ω	Leverage-Faktor
R	$(N \times 1)$-Vektor
R_i	Rendite des Wertpapiers
p	Schlusskurs
ρ_1	Maß für die Illiquidität eines Fonds
ρ_a	monatlicher gleichgewichteter Mittelwert (ρ_1)
ρ_b	monatlicher Asset-gewichteter Mittelwert (ρ_1)

ρ_c	monatlicher Median (ρ_1)
ρ	Autokorrelationskoeffizient des „Common-Factors"
q	Holding-Period
R_i	Wertpapierrendite
R_m	gleichgewichtiger Marktindex
R_p	Rendite des Portfolios
t	Zeitpunkt
T	Regulierung
TO	Turnover
Γ	Kovarianz-Matrix
μ	Skalar
ν	„Common-Factor"
V	Volumen
ω	Anteil des Portfolios
γ	Parameter

Kapitel 3 (ausgenommen Unterkapitel 3.3)

β	Parameter
n	Parameter
p	Schwellenwert
t	Monat
x	Prädikator-Variable
Y	Anzahl der beobachteten Ereignisse (COUNT8)

Kapitel 3.3

a	Wahrscheinlichkeit eines sequentiellen Markteintritts
Λ	Abweichung des Preises vom Fundamentalwert
ε	Parameter
$\mathcal{F}$	Informationensausstattung der Kapitalgeber
j	Wertpapier
J	Anzahl risikobehafteter Assets
m	Margin einer Wertpapierposition
m^+	Margin einer Long-Position

m^-	Margin einer Short-Position
π	Value-at-Risk
η	Vermögensschock der Spekulanten
σ	Volatilität
ϕ	Standardnormalverteilung
θ	Parameter
p	Preis
φ	Parameter
t	Zeitpunkt
v	Fundamentalwert
W	Vermögen
x	Wertpapierposition der Spekulanten
y	Nachfrage
γ	Koeffizient der Risikoaversion der Auftraggeber
Z	Ausstattungsschock

Abbildungsverzeichnis

Einleitung

Der Monat August des Jahres 2007 war eine turbulente Zeit für die globalen Finanzmärkte. Diverse Ereignisse der ersten Hälfte des Jahres bildeten die Grundlage für noch gravierendere Ereignisse im Finanzsektor.[1] Beginnend am Montag, den 6. August 2007 erlitten einige der erfolgreichsten Equity-Hedgefonds der Geschichte beispiellose Rekordverluste,[2] welche sich bis zum Donnerstag, den 9. August 2007 fortsetzten. Neben der enormen Höhe dieser Verluste waren ebenfalls die beiden Tatsachen beachtenswert, dass diese Hedgefonds zum einen nicht in Subprime-Produkte investierten und zum anderen als immun gegen die meisten Marktturbulenzen galten. Weitaus außergewöhnlicher war jedoch der Sachverhalt, dass der mit Abstand größte Teil der betroffenen Hedgefonds auf Basis einer rein quantitativen[3] Long/Short-Equity-Market-Neutral-Strategie[4,5] konstruiert wurde. Am 10. August 2007 hatte sich der Finanzmarkt beinahe vollständig erholt; für die meisten Hedgefonds jedoch kam diese „Erholung" angesichts der vorangegangenen enormen Verluste zu spät.[6]

Folgendes Zitat von David Vinar, CFO von Goldman Sachs verdeutlicht die Ernsthaftigkeit der Ereignisse der zweiten Augustwoche 2007:

„We were seeing things that were 25-standard deviation moves, several days in a row. There have been issues in some of the other quantitative spaces. But nothing like what we saw last week."[7]

---

[1] Wichtige vorangegangene Ereignisse waren u.a. die Subprime-Krise, das Aufblähen zweier Fonds von Bear Stearns im Monat Juni 2007, der Verkauf des Portfolios von Sowood Capital Management an Citadel im Juli 2007, nachdem dieses Portfolio einen Verlust von über 50 Prozent einstecken musste, sowie die wachsenden Probleme von Countrywide Financial, einem der größten Eigenheim-Kreditgeber der USA. Vgl. Khandani/Lo (2007): S.5.

[2] Die Zeitung Wall Street Journal berichtet am 14. August 2007, dass der Fond Goldman Sachs Global Equity Opportunities über 30 Prozent seines Wertes in einer Woche verlor. Vgl. Sender/Kelly/Zuckerman (2007).

[3] Ein Hedgefonds wird dann als quantitativ bezeichnet, wenn bei seiner Konstruktion auf bestimmte statistische Methoden bzw. technologische Hilfsmittel zurückgegriffen wird. Angesichts der hohen Anzahl an gehaltenen Positionen etc. ist es heutzutage nahezu unmöglich große Hedgefonds ohne quantitativen Charakter zu verwalten. Vgl. Khandani/Lo (2007): S.12.

[4] Eine genaue Beschreibung der Funktionsweise der Strategie sowie der – im weiteren Verlauf dieser Studie – folgenden Strategien, sind (für den Fall das keine alternative Quelle genannt ist) in Khandani/Lo (2007): S.48-50 und Boyson/Stahel/Stulz (2008): S.40-42 nachzulesen.

[5] In der Finanzliteratur wird ganz klar zwischen einer Long/Short-Equity-Strategie, einer Equity-Market-Neutral, einer Statistical-Arbitrage-Strategie und einer 130/30-Strategie differenziert. In der vorliegenden Untersuchung werden alle vier Strategien jedoch häufig unter dem Namen Long/Short-Equity zusammengefasst. Eine solche Zusammenfassung ist sinnvoll, da alle vier Strategien von den Ereignissen der zweiten Augustwoche stark betroffen waren und eine gewisse Gemeinsamkeit bzw. Interaktion besteht. Sollte im Rahmen dieser Analyse eine feinere Differenzierung nötig sein werden die Strategien unter ihrem eigentlichen Namen angeführt. Vgl. Khandani/Lo (2007): S.9f.

[6] Vgl. Khandani/Lo (2007): S.5f. und Khandani/Lo (2008): S.1.

[7] Vgl. Thal Larsen (2007).

Ziel der vorliegenden Studie ist es, die o.e. Ereignisse in der zweiten Augustwoche des Jahres 2007 genauer zu beleuchten. Zu diesem Zweck wird die Performance der Hedgefonds im relevanten Zeitraum untersucht und es werden die Ursachen für die hohen Verluste gesucht.

Das vorliegende Buch ist folgendermaßen aufgebaut:

In Kapitel 1 werden die potentiellen Renditen der Hedgefonds mit Hilfe einer Strategie in Anlehnung an die Studien von Khandani/Lo (2007 und 2008) simuliert, wodurch hohe Verluste der Hedgefonds sowie eine „Erholung" in der zweiten Augustwoche aufgezeigt werden. Im Anschluss an diese Simulation wird eine mögliche Erklärung für die Ergebnisse der Simulation vorgestellt und zwar die sog. „Unwind-Hypothesis". Diese Hypothese bildet einen zentralen Punkt des vorliegenden Buches, daher werden Evidenzen gesucht bzw. geprüft, die sie als einen sinnvollen Erklärungsansatz identifizieren.

Zu diesem Zweck beschäftigt sich Kapitel 2 mit einem von zwei grundlegenden Aspekten der Hypothese und zwar mit der Assetliquidität. Diese wird, auf Grundlage der Studien von Khandani/Lo (2007 und 2008), für die Märkte und für Hedgefonds-Strategien gemessen. Im Anschluss an die verschiedenen Messungen wird eine Verbindung zwischen den ermittelten Ergebnissen und der Hypothese hergestellt

In Kapitel 3 wird ein weiterer Aspekt der Hypothese untersucht und zwar die Interaktion zwischen den Hedgefonds. Es wird die Frage beantwortet, ob bzw. über welchen Mechanismus Verluste bestimmter Hedgefonds-Strategien ebenfalls zu Verlusten bei anderen, unabhängigen Hedgefonds-Strategien führen können. Die Studie von Boyson/Stahel/Stulz (2008), die sich mit der sog. Hedgefonds-„Contagion" beschäftigt, bietet dazu einen passenden Erklärungsansatz, der im Rahmen dieser Abhandlung eingehend erläutert wird. In diesem Zusammenhang spielt die Liquidität eine entscheidende Rolle. Insbesondere das Zusammenspiel zwischen der Assetliquidität[8] und der Finanzierungsliquidität[9] ist bei der Untersuchung

[8] Ein Asset hat dann eine hohe Assetliquidität, wenn es „einfach" zu handeln ist. Die Assetliquidität ist daher umso höher, je niedriger der Bid/Ask-Spread ist, je geringer der Preiseinfluss ist und/oder je höher die Volatilität ist. Eine geringe Assetliquidität impliziert, dass es schwierig ist Transaktionen an den Finanzmärkten problemlos, bspw. ohne die Inkaufnahme von höheren Transaktionskosten zu tätigen. Vgl. Pedersen (2008). Die Assetliquidität ist der Schwerpunkt der Market-Microstructure (siehe dazu u.a. die Studie Grossman/Miller (1988), in deren Rahmen eine Verbindung zwischen der Liquidität und der Volatilität nachgewiesen wird).

[9] Eine Bank oder ein Investor haben dann eine hohe Finanzierungsliquidität, wenn ihnen eine ausreichend große Finanzausstattung zur Verfügung steht. Diese Finanzausstattung ergibt sich entweder aus eigenem Kapital oder aus besicherten bzw. nichtbesicherten Darlehen. Demnach kann die Finanzierungsliquidität auch als die Möglichkeit, Kredite zu erhalten, angesehen werden. Ist die Finanzierungsliquidität sehr gering, kann bspw. ein Hedgefonds einen Teil seiner Positionen nicht mehr finanzieren und ist gezwungen Assets zu liquidieren. Vgl. Pedersen (2008). Die Finanzierungsliquidität wird insbesondere im Rahmen der Corporate-Finance (siehe dazu u.a. Holmström/Tirole (2001)) und im Rahmen des Bankgeschäftes (siehe dazu u.a. Allen/Gale (2005)) untersucht.

der Interaktion zwischen den Hedgefonds von großer Bedeutung. Dieses Zusammenspiel wird in der Forschung von Brunnermeier/Pedersen (2009) intensiv behandelt und bietet letztendlich eine erkenntliche Erklärung dafür, warum signifikant viele Hedgefonds in der zweiten Augustwoche 2007 gleichzeitig große Verluste verzeichneten.[10]

[10] Zum Verständnis der Thematiken, die im Rahmen dieses Buches behandelt werden, ist u.a. ein grundlegendes Wissen über Hedgefonds und über die Ursachen der Finanzmarktkrise empfehlenswert. Die Übersichten in *Anhang 1* und *2* zeigen unterstützende Literatur, die diesbezüglich alle nötigen Informationen zur Verfügung stellt.

1 Entwicklung der Hedgefonds im August 2007

Im Rahmen dieses Kapitels wird die mögliche Renditeentwicklung der Hedgefonds in der zweiten Augustwoche 2007 empirisch untersucht und dargestellt. Es wird gezeigt, dass ein großer Teil der Hedgefonds enorme Verluste erlitten hat. Im Anschluss an die empirische Untersuchung wird eine mögliche Erklärung für diese Verluste vorgestellt, welche für den weiteren Verlauf meiner Analyse als Grundlage dient.

1.1 Simulation mit Hilfe der „Contrarian-Strategy“

Es ist wohl bekannt, dass es Hedgefonds an Transparenz mangelt.[11] Öffentliche Regelungen macht es für Hedgefonds-Manager und Investoren unmöglich ihre Sichtweise bezüglich der Ereignisse der zweiten Augustwoche 2007 zu enthüllen. Aus diesem Grund ist es unmöglich an benötigte Daten über die tatsächliche Entwicklung der Hedgefonds zu gelangen.[12]

Um dennoch einen Überblick über die relevanten Geschehnisse zu erhalten kann stellvertretend für die tatsächliche Performance der Hedgefonds eine Simulation herangezogen werden. Zu diesem Zweck wird die sog. „Contrarian-Strategy“[13], welche von Lehmann (1988) und Lo/MacKinlay (1989) entwickelt wurde und von Khandani/Lo (2007 und 2008) aufgegriffen wurde, genutzt. Mit ihrer Hilfe lassen sich die Ereignisse im Hedgefonds-Sektor in der Zeit vom 6. bis zum 10. August 2007 und deren Auswirkungen simulieren, indem diese Strategie direkt auf Produkten des US-Kapitalmarktes angewendet wird.[14]

Die Autoren Khandani/Lo (2007 und 2008) weisen mehrmals darauf hin, dass es sich bei den Ergebnissen ihrer Methode lediglich um rein spekulative Ergebnisse einer indirekten Simula-

[11] Hedgefonds sind die wesentlichen Teilnehmer des sog. Shadow-Banking-Systems, das parallel zum Standardsystem arbeitet. Hedgefonds übernehmen demnach Funktionen, die eher mit dem typischen Bankwesen assoziieren werden, unterliegen aber nicht dem Geltungsbereich der FED, OCC, CFTC, SEC etc. Vgl. Lo (2008b): S.8 und Brown et al. (2009): S.161.
[12] Khandani/Lo (2007): S.8.
[13] Dieser Begriff kann als „Querdenker-Strategie“ übersetzt werden.
[14] Vgl. Khandani/Lo (2007): S.10.

tion handelt.[15] Sie stellen jedoch eine begrenzte Reflexion der tatsächlichen Ereignisse der zweiten Augustwoche 2007 dar.[16,17]

1.1.1 Anatomie einer Long/Short-Equity-„Contrarian-Strategy"

Die Grundidee der „Contrarian-Strategy" besagt, dass zum heutigen Zeitpunkt Aktien, welche zum ex ante Zeitpunkt Verlierer waren, gekauft werden und Aktien, welche zum ex ante Zeitpunkt Gewinner waren, verkauft werden, wobei es von der gleichgewichtigen Marktrendite abhängig ist, ob es sich bei der Aktie um einen Gewinner oder um einen Verlierer handelt.[18] Verlierer sind Aktien mit Underperformance, d.h. es sind Aktien, welche eine geringere Performance relativ zum Marktdurchschnitt aufweisen. Analog dazu sind Gewinner Aktien mit Outperformance, d.h., es sind diejenigen Aktien mit einer höheren Performance relativ zum Marktdurchschnitt.[19]

Die „Contrarian-Strategy" besteht dabei aus einer Anzahl N Wertpapiere, wobei eine Long/Short-Market-Neutral-Equity-Strategie, deren Long- und Short-Positionen genau denselben Dollarbetrag ausmachen, berücksichtigt wird. In Anlehnung an die Grundidee der „Contrarian-Strategy" bestehen die Long-Positionen der Strategie in jedem neuen bzw. wieder ausgleichenden Zeitintervall aus Verlierern und die Short-Positionen aus Gewinnern.[20]

Falls $\omega_{i,t}(k)$ den Anteil des Portfolios darstellt, der sich auf die Wertpapiere i zum Zeitpunkt t bezieht, dann lässt sich $\omega_{i,t}(k)$ auch folgendermaßen schreiben:[21]

$$\omega_{i,t}(k) = -\frac{1}{N}\left(R_{i,t-k} - R_{m,t-k}\right), R_{m,t-k} \equiv \frac{1}{N}\sum_{i=1}^{N} R_{i,t-k} \quad (1)$$

Dies gilt für jedes beliebige $k > 0$ und für $i = 1, \dots, N$, wobei $R_{m,t-k}$ den gleichgewichteten Marktindex darstellt.[22]

---

15 Khandani/Lo (2007) kritisieren ihr eigenes Modell und weisen darauf hin, dass es viele äußerst relevante Faktoren, wie z.B. historische Renditen, Ausführungskosten und spezielle Eigenschaften von Long/Short-Equity-Fonds nicht berücksichtigt. Außerdem wird die „Contrarian-Strategy" lediglich auf Produkte des US-Kapitalmarktes angewendet und lässt somit internationale Finanzprodukte außen vor. Khandani/Lo (2007): S.43.

16 Für den weiteren Verlauf dieser Untersuchung wird folgende Annahme getroffen: Die simulierten Ergebnisse der „Contrarian"-Strategie - und aller anderen Simulationen im Rahmen dieser Studie - stellen exakt die Renditen der Investoren, Market-Maker etc. für den untersuchten Zeitraum dar.

17 Vgl. Khandani/Lo (2007): S.7f. und S.43 und Khandani/Lo (2008): S.3.

18 Vgl. Lo/MacKinlay (1989): S.6 und Khandani/Lo (2007): S.10.

19 Vgl. Khandani/Lo (2007): S.10.

20 Vgl. Khandani/Lo (2007): S.10 und Khandani/Lo (2008): S.20.

21 Vgl. Lo/MacKinlay (1989): S.6f., Khandani/Lo (2007): S.10 und Khandani/Lo (2008): S.20.

22 Vgl. Lo/MacKinlay (1989): S.7 und Khandani/Lo (2007): S.47.

Gleichung (1) stellt die „Contrarian-Strategy“ dar. Sie profitiert von einer Überreaktion des Aktienmarktes. Gilt beispielsweise $k = 1$[23] würde eine solche Strategie bedeuten, dass zum Zeitpunkt t (heutiger Zeitpunkt) Aktien, die zum Zeitpunkt $t - 1$ (ex ante Zeitpunkt) Verlierer waren, gekauft werden und Aktien, die zum Zeitpunkt $t - 1$ (ex ante Zeitpunkt) Gewinner waren, verkauft werden. Kommt es nun zu einer Umkehrung (bspw. auf eine Underperformance der gehaltenen Aktien folgen positive Renditen) erzielt die Strategie positive Profite. Für Aktien mit Outperformance verhält es sich cet.par. genau umgekehrt.[24] Demnach setzt die Strategie auf die Mean-Reversion[25] aller N Wertpapiere.[26]

Dabei ist Gleichung (1) ein Beispiel für ein Arbitrage-Portfolio bzw. für ein Market-Neutral-Portfolio, bei dem die Long-Positionen exakt den Short-Positionen entsprechen, solange sich die Gewichte in (1) zu null addieren.[27] Aus dieser Tatsache lässt sich ableiten, dass sich die Rendite des Portfolios nicht standardisiert berechnen lässt, da es kein Net-Investment gibt. In der Praxis kann die Rendite der Strategie jedoch in jedem Zeitintervall als der Profit bzw. der Verlust der einzelnen Positionen, dividiert durch das Kapital, welches erforderlich ist um diese Positionen abzusichern, berechnet werden.[28]

An folgendem Beispiel soll diese Berechnung verdeutlicht werden: Angenommen ein Portfolio, welches auf Grundlage der „Contrarian-Strategy“ (1) erstellt wurde, besteht aus 100 Mrd. USD Long-Positionen und 100 Mrd. USD Short-Positionen, welche in einem Zeitraum von einem Tag zwei Mrd. USD erzielen. Die Rendite der Strategie ergibt sich demnach aus dem Quotienten von zwei Mrd. USD und den 100 Mrd. USD, die benötigt werden um die Long- bzw. Short-Positionen abzusichern. Wird nun angenommen, dass die angewendete Strategie der Regulierung T unterliegt, dann beträgt der minimale Wert, welcher für die Ausführung der Strategie benötig wird, 100 Mrd. USD und die Rendite der Strategie beträgt zwei Prozent.[29,30]

---

[23] Zu beachten ist, dass sich für jeden Wert, den k annimmt, die Aktionen innerhalb der Strategie unterscheiden. Vgl. Khandani/Lo (2007): S.10 und Khandani/Lo (2008): S.20.
[24] Gerade aus diesem Grund trägt diese Strategie den Namen „Contrarian-Strategy“. Vgl. Khandani/Lo (2007): S.10 und Khandani/Lo (2008): S.20.
[25] Im Rahmen der vorliegenden Analyse bedeutet Mean-Reversion (Mittelwertrückkehr), dass sich die Renditen der Aktien etc. langfristig ihrem Mittelwert bzw. dem arithmetischen Mittel annähern.
[26] Vgl. Khandani/Lo (2007): S.10 und Khandani/Lo (2008): S.20.
[27] Vgl. Lo/MacKinlay (1989): S.7 und Khandani/Lo (2007): S.11 und S.47.
[28] Vgl. Khandani/Lo (2007): S.11.
[29] In diesem Fall spricht man von einem Leverage von 2:1 bzw. von einer 50-Prozent-Marginanforderung, wobei sich der Leverage aus der Summe der absoluten Beträge der Long- und Short-Positionen, dividiert durch das eingesetzte Kapital ergibt. Vgl. Khandani/Lo (2007): S.11.
[30] Vgl. Khandani/Lo (2007): S.11.

Daher lässt sich die Rendite der Strategie bzw. des Portfolios (1) ohne die Nutzung eines Leverage[31] (Strategie unterliegt der Regulierung T) ($R_{p,t}$) folgendermaßen darstellen:[32]

$$R_{p,t} \equiv \frac{\pi_t}{I_t} \quad (2)$$

Dabei ist das gesamte Investment in Long- und Short-Positionen (I_t) durch folgende Gleichung gegeben:[33]

$$I_t \equiv \frac{1}{2} \sum_{i=1}^{N} |\omega_{i,t}| \quad (3)$$

Der Profit der Strategie (π_t) wird folgendermaßen dargestellt:[34]

$$\pi_t = \sum_{i=1}^{N} \omega_{i,t} R_{i,t} \quad (4)$$

Um nun die Renditen eines Portfolios mit Leverage ($L_{p,t}\Omega$), welches den regulatorischen Leverage-Faktor Ω: 1 nutzt, zu erhalten, muss Gleichung (2) mit dem Faktor $\Omega/2$ multipliziert werden. Da Gleichung (2) einen Leverage von 2:1 verwendet (Strategie unterliegt der Regulierung T), ist ein Ω: 1 Leverage äquivalent zu einer Multiplikation mit dem Faktor $\Omega/2$. Es folgt für $L_{p,t}(\Omega)$:[35]

$$L_{p,t}(\Omega) \equiv \frac{(\Omega/2) \sum_{i=1}^{N} \omega_{i,t}(k) R_{i,t}}{I_t} \quad (5)$$

1.1.2 Empirische Untersuchung der Profitabilität der „Contrarian-Strategy" für den Zeitraum 1995-2007

Auf Grundlage des vorangegangenen Kapitels werden in diesem Kapitel die Renditen der „Contrarian-Strategy" bestimmt und ihre Profitabilität untersucht. Ergänzend wird außerdem die Entwicklung des Hedgefonds-Sektors und der Asset-Umfang der Fonds untersucht.

Mit Hilfe der TASS-Datenbank (Trading-Advisor-Selection-System)[36] lässt sich das Wachstum der Anzahl an Fonds und das Wachstum der Assets-under-Management (AUM)[37] pro

[31] Der Leverage ist definiert als das Verhältnis zwischen den gesamten gehaltenen Assets und dem Eigenkapital. Vgl. Adrian/Shin (2008b): S.4.
[32] Diese Gleichung ergibt sich aus der Kombination von (3) und (4). Vgl. Khandani/Lo (2007): S.11.
[33] Vgl. Lo/MacKinlay (1989): S.7, Khandani/Lo (2007): S.47 und Khandani/Lo (2008): S.27.
[34] Vgl. Lo/MacKinlay (1989): S.7 und Khandani/Lo (2007): S.47f.
[35] Vgl. Khandani/Lo (2007): S.11 und S.50.
[36] Detaillierte Erläuterungen über die TASS-Datenbank sowie alle weiteren Datenbanken, die im Rahmen dieser Studie genutzt werden (Compustat, TAQ und HFR), finden sich in *Anhang 3*.
[37] Goetzmann/Ingersoll/Ross (2003) entdecken in ihren Untersuchungen abnehmende Renditen bei Fonds. Dies lässt darauf schließen, dass ein optimaler Wert für die AUM für jeden Fond existiert. Vgl. Goetzmann/Ingersoll/Ross (2003): S.1705-1708.

Fond der beiden Strategien Long/Short-Equity und Equity-Market-Neutral analysieren bzw. aufzeigen.[38,39]

Die Abbildung in *Anhang 4* zeigt beide Untersuchungen durch einen Auszug der TASS-Datenbank vom 20. August 2007, wobei nur Fonds enthalten sind, deren AUM in US-Dollar notiert sind. Zu erkennen ist ein nahezu durchgängiger Anstieg der Anzahl an Fonds beider Strategien.[40] Auch die Anzahl der AUM steigt - besonders im Zeitraum vom April 2003 bis zum Juli 2007 - stark an. Außerdem wird deutlich, dass Fonds der Long/Short-Equity-Strategie nahezu über alle Jahre hinweg den größten Anteil ausmachen.[41]

Dividiert man nun die gesamten AUM durch die Summe der Anzahl der Fonds beider Strategien („Live"-Fonds und „Graveyard"-Fonds), dann ergibt sich daraus die durchschnittliche Anzahl Assets pro Fond. Ausgehend von den Daten des 20. Augusts 2007 lässt sich ein signifikanter Anstieg der durchschnittlichen Anzahl an Assets pro Fond beobachten. Im Januar 1994 beträgt sie 62 Mrd. USD und im Juli 2007 229 Mrd. USD. Dies entspricht einer Vervielfachung um ungefähr den Faktor 3,7 innerhalb von ca. 13,5 Jahren.[42]

Die Tatsache, dass die AUM in den letzten Jahren stark angestiegen sind, wird wiederholt in der Abbildung in *Anhang 5* verdeutlicht. Die Abbildung zeigt neben den AUM der beiden Strategien auch die durchschnittliche tägliche Rendite der „Contrarian-Strategy" (1) (angewendet auf alle US-Stammaktien mit einem Aktienpreis zwischen fünf USD und 2000 USD) vom 3. Januar 1995 bis zum 31. August 2007. Auffällig ist der Tatbestand, dass die durchschnittliche tägliche Rendite der „Contrarian-Strategy" einen starken Niedergang erfährt, während die kumulierte Anzahl der AUM beider Strategien stetig ansteigt, m.a.W. die Fonds an Umfang zunehmen. Das Allzeittief der „Contrarian-Strategy" liegt bei 0,13 Prozent im

---

[38] An dieser Stelle kommt noch einmal die Warnung, dass es sich um eine rein spekulative Analyse handelt. Es wird eingeräumt, dass eine Analyse mit Hilfe der TASS-Datenbank nicht repräsentativ sein kann. Vgl. Khandani/Lo (2007): S.44. Ackerman/McEnally/Ravenscraft (1999) weisen in diesem Zusammenhang darauf hin, dass bei Hedgefonds-Datenbanken Probleme (u.a. der Survivorship-Bias, Liquidation-Bias, Backfill-Bias und Selection-Bias) auftreten können. Diese Probleme werden in der Studie von Fung/Hsieh (2006) u.a. für Hedgefonds-Datenbanken, inklusive der TASS-Datenbank untersucht. Vgl. Ackerman/McEnally/Ravenscraft (1999): S.864 und Fung/Hsieh (2006): S.10-15.

[39] Vgl. Khandani/Lo (2007): S.23.

[40] Die zu erkennende Abnahme in den letzten Monaten ist auf die allgemeine Eigenschaft der TASS-Datenbank, Lags zu melden, zurückzuführen und muss nicht zwingend eine tatsächliche Abnahme bedeuten. Aus diesem Grund kann die beobachtete Abnahme bei der Interpretation dieser Abbildung ignoriert werden. Vgl. Khandani/Lo (2007): S.51.

[41] Vgl. Khandani/Lo (2007): S.23.

[42] Vgl. Khandani/Lo (2007): S.23.

Jahr 2006. Im Gegensatz dazu steigen die AUM in diesem Jahr weiterhin und erreichen Anfang 2007 ihren höchsten Wert von über 160 Mrd. USD.[43,44]

Es stellt sich nun die Frage, warum die Profitabilität der „Contrarian-Strategy“ in den letzten Jahren so stark abgenommen hat. Neben dem Anstieg der Long/Short-Equity-Fonds und dem Anstieg der durchschnittlichen Assets-pro-Fond ist der gestiegene Wettbewerb zwischen den einzelnen Fondstrategien maßgeblich an der Abnahme beteiligt. Insbesondere 130/30-Fonds[45] konkurrieren sehr stark mit Fonds der Long/Short-Equity-Strategie. Die Tatsache, dass die Anlagebasis von 130/30-Fonds zu 30 Prozent aus Short-Positionen bestehen, bedeutet für Long/Short-Equity-Fonds, dass das Shorten[46] von Hard-to-Borrow[47] Wertpapieren schwieriger geworden ist, eine größere Anzahl der Wertpapiere Hard-to-Borrow geworden ist und Short-Positionen illiquider geworden sind. Aus diesen Gründen sind Short-Squeezes[48] bedeutend wahrscheinlicher geworden. Da es sich bei 130/30-Fonds um eines der am schnellsten wachsenden Produkte im Bereich des Asset-Managements handelt,[49] erhöht sich fortwährend der Druck auf Long/Short-Equity-Strategien bezüglich ihrer Renditen.[50] Es lässt sich zusammenfassend sagen, dass insbesondere der Wettbewerb zwischen den einzelnen Strategien ein gravierender Grund für die beobachtete niedrige Rendite ist bzw. ein Grund für die gesunkene Profitabilität der „Contrarian-Strategy“ ist.

---

[43] Es scheint suspekt zu sein, dass Assets in Hedgefonds mit niedrigen Renditen strömen, daher der Hinweis, dass die Renditen auf Grundlage der „Contrarian-Strategy“ (1), die keinen Leverage nutzt, basieren. Vgl. Khandani/Lo (2007): S.24.
[44] Vgl. Khandani/Lo (2007): S.24.
[45] Eine umfangreiche Erläuterung der Funktionsweise und des Aufbaus der 130/30-Fonds ist in Khandani/Lo (2007): S.23 nachzulesen.
[46] Shorten bezeichnet die Durchführung von Leerverkäufen.
[47] Ein Wertpapier wird dann als „Hard-to-Borrow“ bezeichnet, wenn es nur schwierig bzw. überhaupt nicht zum Zwecke eines Leerverkaufes ausgeliehen werden kann.
[48] Unter einem „Short-Squeeze“ versteht man die Angebotsknappheit einer Aktie, die zuvor in einem großen Umfang geshortet wurde. Ein prominentes Beispiel für einen solchen „Short-Squeeze“ war der rapide Kursanstieg der Stammaktie der Volkswagen AG um fast 100 Prozent am 27. Oktober 2008.
[49] Studien aus dem Jahr 2007 besagen, dass 75 Mrd. USD in 130/30-Fonds flossen, wobei man davon ausgeht, dass sich dieser Betrag in den kommenden Jahren auf eine Bill. USD erhöhen wird. Vgl. Newman/Shaffer (2007): S.33f.
[50] Vgl. Khandani/Lo (2007): S.23f.

1.2 Leverage

Um den drastischen Rückgang der Renditen diverser Hedgefonds-Strategien - unter anderem als Resultat des gestiegenen Wettbewerbs zwischen den einzelnen Strategien - zu verhindern verstärken Hedgefonds-Manager üblicherweise ihre Renditen durch den Einsatz eines Leverage, damit die Renditeerwartungen der Investoren erfüllt werden. [51,52]

Ein angesetzter Leverage kann zwar dazu führen, dass kleine Profite zu großen Profiten gehebelt werden, jedoch kann daraus auch resultieren, dass aus kleinen große Verluste werden. Die meisten Hedgefonds-Manager vertrauen jedoch auf das Prinzip des Leverage, was dazu führt, dass der Betrag der gehandelten Positionen bedeutend größer ist, als der Betrag der Sicherheiten, welche dazu benötigt werden um die gehandelten Positionen zu finanzieren. Tritt nun der Fall ein, dass eine ungünstige Marktänderung zu sinkenden Marktwerten der Sicherheiten führt, dann werden Kredite rasch gestrichen.[53] Daraus resultierende plötzliche Liquidierungen großer Positionen der Hedgefonds über einen relativ geringen Zeitraum führen zu einer allgemeinen Panik an den Finanzmärkten.[54] Dies hat signifikante Auswirkungen auf die Long/Short-Equity-Strategie.[55]

1.2.1 Erweiterung des Modells

Die Relevanz des Leverage lässt sich am besten verdeutlichen, indem derjenige Leverage-Faktor berechnet wird, der benötigt wird, damit die erwartete Rendite der „Contrarian-Strategy" in jedem Jahr nach 1998 dem Niveau aus dem Jahr 1998 entspricht. Die Werte Ω^* für die Leverage-Rate können folgendermaßen ermittelt werden: [56]

$$E[L_{p,t}] \equiv \frac{\Omega^*}{2} E[R_{p,t}] = E[R_{p,1998}] \quad (6)$$

---

[51] In diesem Fall geht man davon aus, dass es sich bei dem Hedgefonds-Manager um einen Dealer bzw. Broker handelt, der nicht der Regulation T unterliegt. Ein Portfolio, bestehend aus 100 Mrd. USD Long- bzw. Short-Positionen, wäre dann bspw. schon mit nur 25 Mio. USD Kapital und einem Leverage von 8:1 finanzierbar und würde demzufolge eine Rendite von acht Prozent ($\frac{|100\$|+|-100\$|}{25\$*100} = 8\%$) erzielen. Vgl. Khandani/Lo (2007): S.11.

[52] Vgl. Khandani/Lo (2007): S.24.

[53] Dieser Sachverhalt wird ausführlich im kommenden Kapitel 3 untersucht und erläutert.

[54] Die besten und prominentesten Beispiele für diesen Sachverhalt sind die Ereignisse während der LTCM-Krise (Long-Term-Capital-Management) im August 1998. Vgl. Khandani/Lo (2007): S.24f. Nähere Informationen zu den Auswirkungen der LTCM-Krise in Bezug auf die Performance der „Contrarian-Strategy" sowie ein direkter Vergleich der LTCM-Krise mit der zweiten Augustwoche 2007 sind in Khandani/Lo (2007): S.19-23 nachzulesen.

[55] Vgl. Lo (2001): S.28, Chan et al. (2007): S.236 und Khandani/Lo (2007): S.24.

[56] Vgl. Khandani/Lo (2007): S.25.

Durch Umformung nach Ω^* ergibt sich:[57]

$$\Omega^* = \frac{2E[R_{p,1998}]}{E[R_{p,t}]}, t = 1999, \ldots, 2007 \quad (7)$$

Dabei ergibt sich (6) direkt aus der Definition der gehebelten Rendite des Portfolios (5) und der Faktor zwei ergibt sich aus der Definition des Leverage, als Summe der Long- und Short-Positionen dividiert durch die Kapitaleinlage, wobei die Long- und Short-Positionen bei einem Market-Neutral-Portfolio gleich sind.[58]

Die Tatsache, dass die durchschnittlichen täglichen Rendite der „Contrarian-Strategy" kontinuierlich gesunken ist (siehe Kapitel 1.1.2), lässt darauf schließen, dass die Leverage-Rate im Jahr 2007 vergleichbar ansteigen muss, damit die gehebelten Renditen dem Niveau von 1998 entsprechen.

Bei der Betrachtung der Tabelle in *Anhang 6*, welche ebenfalls die durchschnittliche tägliche Rendite der „Contrarian-Strategy" (1) (angewendet auf alle US-Stammaktien mit einem Aktienpreis zwischen fünf USD und 2000 USD) zeigt, wird diese Annahme bestätigt. Der direkte Vergleich der durchschnittlichen täglichen Rendite der „Contrarian-Strategy" des Jahres 1998 mit der Rendite des Jahres 2007 zeigt, dass die Rendite auf das annähernd 0,228-fache von 0,57 Prozent auf 0,13 Prozent gesunken ist. Damit nun im Jahr 2007 dieselbe Rendite wie im Jahr 1998 erzielt werden kann, muss die Rendite für das Jahr 2007 mit dem angenäherten Faktor 4,5 gehebelt werden, was einer Leverage-Rate von 9:1 entspricht.[59]

Demzufolge ist das, in Kapitel 1.1.1 aufgestellte, Modell der „Contrarian-Strategy" unvollständig, weil dort der realitätsnahe Anstieg des Leverage nicht berücksichtig wird, da er m.a.W. nicht in das Modell intrigiert wird. Ein drastischer Rückgang der durchschnittlichen täglichen Rendite der „Contrarian-Strategy" führt in der Realität bekanntermaßen dazu, dass Hedgefonds-Manager gezwungen sind einen immer stärkeren Leverage zu nutzen, um die Renditeerwartungen der Investoren zu erfüllen. Mit dieser Erkenntnis lässt sich ein weitaus realistischeres Modell für die Berechnung der durchschnittlichen täglichen Renditen der „Contrarian-Strategy" speziell für das Jahr 2007 entwickeln, indem die durch Gleichung (1) simulierten Renditen mit einer approximierten Leverage-Rate von 8:1 um das Vierfache gehebelt werden. Ausgehend von den o.e. Ergebnissen spiegelt eine Leverage-Rate von 8:1

---

[57] Vgl. Khandani/Lo (2007): S.25.
[58] Vgl. Khandani/Lo (2007): S.25.
[59] Vgl. Khandani/Lo (2007): S.25.

den Leverage, der benötigt wird, um die Erwartungen der Investoren gegen Ende 2006 zu erfüllen, wider.[60,61]

1.2.2 Empirische Evidenzen: Simulation mit Hilfe des erweiterten Modells für den Monat August 2007

Aufbauend auf dem Ergebnis des vorangegangenen Kapitels zeigt die Tabelle in *Anhang 7* sowie die Abbildung in *Anhang 8* jeweils die Ergebnisse der erweiterten Simulation, stellvertretend für die potenzielle Performance der Long/Short-Equity-Fonds für den relevanten Monat August 2007. Die „Contrarian-Strategy“ (1) erleidet am 7. August 2007 einen Verlust i.H.v. -4,64 Prozent, wenn sie mit einem Leverage von 8:1 gehebelt wird. Es folgen weitere Verluste i.H.v. -11,33 Prozent am 8. August und -11,43 Prozent am 9. August 2007. Nach dem Handelsschluss des 9. August 2007 betragen die kumulierten Verluste der gehebelten „Contrarian-Strategy“ demnach -27,4 Prozent. Wird die simulierte Performance nun auf die tatsächliche Entwicklung in der zweiten Augustwoche 2007 reflektiert, wird deutlich welche enormen Verluste diverse Hedgefonds bewältigen mussten, denn innerhalb von nur drei Tagen verloren sie über einem Viertel ihrer gesamten Assets.[62,63]

Auf Grundlage der vorliegenden Zahlen lässt sich folgendes vermuten: Ein großer Teil der Hedgefonds-Manager war angesichts der enormen Verluste und der raschen Geschwindigkeit, mit der diese Verluste eintraten, gezwungen ihren Leverage am 8. und am 9. August 2007 zu reduzieren. Durch eine Reduzierung wurde versucht das Risiko zu minimieren, wodurch weitere Verluste vermieden bzw. so gering wie möglich gehalten werden sollten.[64] Lediglich

---

[60] Eine Leverage-Rate von 9:1 eignet sich in diesem Fall nicht für die Erweiterung der „Contrarian-Strategy“, da gegen Ende 2006 noch keine Informationen über die durchschnittlichen täglichen Renditen des Jahres 2007 zur Verfügung standen. Aus diesem Grund wird im weiteren Verlauf eine Leverage-Rate von 8:1 benutzt. Vgl. Khandani/Lo (2007): S.51.

[61] Vgl. Khandani/Lo (2007): S.25f.

[62] An den Zahlen wird deutlich, wie stark der Einfluss eines Leverage auf die Renditen eines Portfolios ist. Die simulierte „Contrarian-Strategy“ würde ohne die Integration eines Leverage in den drei Tagen vom 7. August bis zum 9. August 2007 insgesamt einen arithmetisch errechneten Verlust i.H.v. -6,85 Prozent erleiden. Dieser Verlust erscheint nicht besonders auffällig angesichts der Tatsache, dass die tägliche Standardabweichung der „Contrarian-Strategy“ für das Jahr 2006 0,52 Prozent beträgt und der simulierte Verlust der drei Tage daher lediglich den Verlust von zwölf aufeinanderfolgenden Tagen mit einer Standardabweichung darstellt. Erst der Einsatz eines Leverage führt zu signifikant hohen Verlusten. Dieser Sachverhalt verhält sich analog zu dem Gewinn am 10. August 2007, welcher im weiteren Verlauf erläutert wird. Ohne die Integration eines Leverage würde der Gewinn 5,92 Prozent betragen. Vgl. Khandani/Lo (2007): S.16-19 für eine detaillierte Erläuterung der Renditen der „Contrarian-Strategy“ (1) ohne die Benutzung eines Leverage.

[63] Vgl. Khandani/Lo (2007): S.26.

[64] Vgl. Khandani/Lo (2007): S.6 und S.26.

ein geringer Teil der Hedgefonds-Manager war in der Lage (besaß den nötigen Kredit dazu) alle Positionen ohne eine Reduzierung des Leverage bzw. ohne Liquidierung zu halten.[65]

Am 10. August 2007 erzielt die simulierte „Contrarian-Strategy" einen immensen Gewinn i.H.v. 23,67 Prozent. Die wöchentlichen Rendite weist nun letztendlich einen arithmetisch ermittelten Verlust i.H.v. -1,72 Prozent auf. In der Realität haben diejenigen Hedgefonds-Manager, die in der Lage waren ihren Leverage konstant zu halten, von dem Gewinn profitiert und der verbleibende wöchentliche Verlust schien keineswegs bedeutsam zu sein. Da jedoch der Leverage in den meisten Fälle mit großer Wahrscheinlichkeit reduziert wurde, profitierten viele Hedgefonds-Manager nicht derartig stark von dem Gewinn am 10. August 2007, wodurch ihre wöchentliche Rendite weitaus negativer ausfiel, d.h., dass sie in dem relevanten Zeitraum einen großen Verlust erlitten.[66]

Es stellt sich die Frage, wo die Ursache für solch enorme Verluste, die hoch genug waren, dass eine große Anzahl der Hedgefonds ihren Leverage reduzieren mussten, lag?

1.3 Formulierung und Untersuchung der „Unwind-Hypothesis"

Dieser Abschnitt beschäftigt sich mit der entscheidenden Frage, warum die simulierte „Contrarian-Strategy" starke Verluste verzeichnet und liefert eine mögliche Erklärung. Insbesondere die Tatsache, dass die gehebelte „Contrarian-Strategy" am Dienstag dem 7. August und am Mittwoch dem 8. August 2007 insgesamt -15,98 Prozent, ohne die Beteiligung von bedeutenden Marktentwicklungen einbüßt, deutet auf einen kurzfristigen Preiseinfluss, resultierend aus einer umfangreichen und raschen (möglicherweise geforderten) Liquidierung eines bzw. mehrerer quantitativer Equity-Market-Neutral-Portfolios hin. Sie war möglicherweise eine Reaktion auf die plötzliche Liquidierung eines Multi-Strategy-Fonds mit einer Exposure zu Subprime-Produkten, oder eines Proprietary-Trading-Desks, ausgelöst durch Margin-Calls[67] eines sich verschlechternden Kredit-Portfolios.[68,69]

---

[65] Vgl. Khandani/Lo (2007): S.26.
[66] Vgl. Khandani/Lo (2007): S.26.
[67] Wird ein Leerverkauf getätigt, muss ein Trader seinem Broker neben dem besicherten Wertpapier noch eine Bargeldsicherheit überlassen. Margin-Calls bezeichnen eine Erhöhung dieser Bargeldsicherheiten. Fehlen dem Trader bei einer Erhöhung der Sicherheiten (Margins) liquide Mittel, ist er gezwungen Positionen zu veräußern. (Fire-Sales) Vgl. Brunnermeier/Pedersen (2009): S.2201. Die Rolle von Margins wird ausführlich im kommenden Kapital 3.3 erläutert
[68] Siehe dazu ebenfalls die Studie von Brunnermeier/Pedersen (2005), in deren Rahmen die Folgen einer Liquidierung i.V.m. dem sog. Predatory-Trading untersucht werden. Vgl. Brunnermeier/Pedersen (2005): S.1825.
[69] Vgl. Khandani/Lo (2007): S.26 und Khandani/Lo (2008): S.5.

Die Gründe für die Verluste liegen demnach nicht in einer fundamentalen Änderung in der gleichgewichtigen Rendite einer Long/Short-Equity-Strategie, sondern „außerhalb“.[70] Diese Annahme benennen Khandani/Lo (2007) als sog. „Unwind-Hypothesis“[71]. Diese besagt weiterhin, dass die simulierten Verluste die Performance ähnlich konstruierter, quantitativer Long/Short-Equity-Fonds und Long-Only-Fonds negativ beeinflusst haben, was zu weiteren Liquidierungen führte, den Preiseinfluss verstärkte usw.[72,73]

Ebenso wie die Verluste der beiden Indizes S&P 500 und MSCI-ex-US am 7. und 8. August 2007 spricht auch der Sachverhalt, dass nach den enormen Verlusten im Zeitraum vom 7. bis zum 9. August 2007, am 10. August 2007 ein großer Gewinn folgte,[74] für die Unwind-Hypothesis“. Eine fundamentale Änderung in der gleichgewichtigen Rendite einer Long/Short-Equity-Strategie hätte permanente Wirkungen auf das Preisniveau gehabt. Die Gewinne am 10. August 2007 zeigen aber, dass es sich lediglich um eine temporäre Auswirkung handelte.[75,76]

Die „Unwind-Hypothesis“ stellt einen zentralen Punkt in der vorliegenden Untersuchung dar. Aus diesem Grund wird in den kommenden Kapiteln ihr Wahrheitsgehalt geprüft, indem Sachverhalte gesucht werden, die sie stützen.

1.3.1 Faktor-Portfolios

Sollte die „Unwind-Hypothesis“ zutreffen, dann deutet dies auf die Existenz bestimmter, zur Konstruktion der Market-Neutral-Equity-Portfolios genutzter, Faktoren hin, welche ggf. Verluste für andere Portfolios mit derselben Faktor-Einwirkung erzeugen. In Anbetracht der Tatsache, dass viele quantitative Portfolios auf Basis ähnlicher Konstruktionstechniken, die

[70] Vgl. Khandani/Lo (2007): S.6.
[71] Dieser Begriff kann als „Liquidierungs-Hypothese“ übersetzt werden.
[72] Die Performance ist ein maßgeblicher Liquidierungstreiber. Vgl. Getmansky/Lo/Mei (2004): S.29.
[73] Vgl. Khandani/Lo (2007): S.26-28.
[74] Vgl. Grundlegende Überlegungen zu der „Erholung“ am 10. August 2007 bzw. Gründe dafür sind in Khandani/Lo (2007): S.29f. nachzulesen.
[75] Dieses Schema eines temporären Preiseinflusses bezüglich eines reinen liquiditätsmotivierten Handels ist ein typisches Beispiel für ein Marktgleichgewicht mit asymmetrischen Informationen zwischen Käufer und Verkäufer. Wenn größere Blöcke von Wertpapieren schnell abgewickelt werden, dann bewegen sich die Gleichgewichtspreise weitaus stärker, damit die Kontrahenten dazu veranlasst werden ihren Handel zu vollenden und zwar auch dann, wenn sie schlecht über die wahren Werte der Wertpapiere informiert sind. Sollte sich im Nachhinein nun herausstellen, dass der Handel nicht auf Informationen basiert, sondern lediglich auf einem Handel mit Liquidität, dann kehren die Preise wieder zu ihrem ursprünglichen Handelsgleichgewichtsniveau zurück. Bleibt andernfalls weiterhin Unklarheit über die eigentliche Motivation des Handels, dann kehren die Preise lediglich auf einen Teil ihres ursprünglichen Handelsgleichgewichtsniveaus zurück. Vgl. Admati/Pfleiderer (1991): S. 465-472.
[76] Vgl. Khandani/Lo (2007): S.26.

alle auf den gleichen historischen Daten aufbauen, erstellt werden, ist es sehr wahrscheinlich, dass verschiedene Fonds die gleiche Faktor-Einwirkung besitzen und somit anfällig für dieselben empirischen Anomalien sind.[77] Im Folgenden werden diese Faktoren identifiziert und genauer analysiert, damit die „Unwind-Hypothesis" gestärkt werden kann.

1.3.1.1 Konstruktionen der Faktor-Portfolios

Um die Ereignisse im August 2007 genauer zu beleuchten und die „Unwind-Hypothesis" zu stützen, können Renditen von Long/Short-Market-Neutral-Equity-Portfolios, basierend auf Faktoren, die auch von anderen quantitativen Fonds genutzt werden, simuliert werden. Durch eine Simulation für die Zeiträume vor, während und nach dem Monat August 2007 kann die Auswirkung der Faktoren und somit die Dynamik von anderen Portfolios, welche eine ähnliche Faktor-Einwirkung besitzen, analysiert werden.[78]

Khandani/Lo (2008) konzentrieren ihre Analyse auf fünf der am häufigsten zitierten und erforschten quantitativen Faktoren zur Bewertung von Equity. Diese Faktoren werden am Ende jedes Monats für jede, im S&P 1500 Index notierte, Aktie errechnet. Es handelt sich dabei um drei Wertemessungen und zwar um die Faktoren Book-to-Market, Earnings-to-Price und Cashflow-to-Market, wobei diese Faktoren auf den aktuellsten jährlichen Bilanz-Daten - entnommen aus der Compustat-Datenbank - aufbauen.[79] Die fehlenden zwei Faktoren sind das Price-Momentum und das Earnings-Momentum,[80] wobei der Faktor Earnings-Momentum auf vierteljährige Erträge - entnommen aus der Compustat-Datenbank - aufbaut und der Faktor Price-Momentum[81] auf monatlichen Renditen - aus der CRSP-Datenbank (University-of-Chicago's Center-for-Research-in-Security-Prices) - basiert.[82,83]

Am Ende jedes Monats wird das S&P 1500 „Universum" gemäß jedes Faktors in zehn Dezile geteilt, wobei das erste Dezil diejenigen Unternehmen enthält, welche den geringsten Wert des jeweiligen Faktors aufweisen usw. Dabei ist es nicht zwingend nötig, dass ein Unternehmen Daten für alle fünf Faktoren liefert.[84] Das erste bis neunte Dezil enthält jeweils die

---

[77] Vgl. Khandani/Lo (2007): S.28.
[78] Vgl. Khandani/Lo (2008): S.9f.
[79] Eine detaillierte Beschreibung der Zusammensetzung der drei Wertemessungen ist in *Anhang 9* nachzulesen.
[80] Eine genaue Beschreibung des Aufbaus dieser beiden Faktoren ist in *Anhang 10* nachzulesen.
[81] Ergänzende Literatur zum Price-Momentum findet sich in der Übersicht in *Anhang 11*.
[82] Um zu gewährleisten, dass alle benötigten Informationen zur Verfügung stehen, formulieren Khandani/Lo (2008) Regeln, die in die Berechnung der Faktoren implementiert werden. Die Konstruktion dieser Regeln ist in Khandani/Lo (2008): S.7 nachzulesen.
[83] Vgl. Khandani/Lo (2008): S.11.
[84] Bspw. kann es vorkommen, dass ein Unternehmen nicht über den gesamten Zeitraum Daten über seine Gewinne liefert. In dem Fall ist es zwar nicht möglich das Unternehmen bezogen auf den Faktors Earnings-

gleiche Anzahl an Aktien; lediglich das zehnte Dezil kann eine größere Anzahl enthalten, falls die gesamte Anzahl der Aktien nicht durch den Faktor Zehn teilbar ist. In die Berechnung gehen nur diejenigen Aktien ein, welche als US-Stammaktien notiert sind.[85]

Auf Grundlage der beschriebenen Einordnung in die verschiedenen Dezile können nun die Renditen von Portfolios, welche auf den fünf Faktoren basieren, d.h. sog. Faktor-Portfolios, simuliert werden. Dafür wird für jeden einzelnen der fünf Faktoren am Ende jedes Monats ein Long/Short-Portfolio konstruiert, indem ein US-Dollar als Long-Position in Aktien des letzten Dezils und ein US-Dollar als Short-Position in Aktien des ersten Dezils investiert werden. Dieses Portfolio wird zum Schlusskurs des letzten Handelstages des vorangegangenen Monats bewertet.[86]

Für die tägliche Analyse wird die kumulierte Rendite mit Hilfe von täglichen Renditen, basierend auf der Holding-Period-Rendite aus der CRSP-Datenbank, errechnet. Für die Untersuchung einer Intraday-Rendite wird der Wert der Long/Short-Portfolios berechnet, indem der aktuellste Transaktionspreis für jedes Fünf-Minuten-Intervall - auf Grundlage der NYSE Trade-and-Quote-Datenbank (TAQ) - genutzt wird. [87] Nun können Market-Microstructure-Effects untersucht werden. Für eine Angleichung von Stock-Splits[88] wird der kumulative Faktor zum Zwecke eines Preisangleichs, kurz CFACPR (Cumulative-Factor-to-Adjust-Price) aus der CRSP-Datenbank genutzt, wohingegen Dividendenzahlungen vernachlässigt werden. Am letzten Handelstag jedes Monats kommt es zu einer Neugewichtung der einzelnen Portfolios und zu der Konstruktion neuer Portfolios.[89]

1.3.1.2 Querschnitts-Regressionen

Bevor die Simulation eines Faktor-Portfolios durchgeführt werden kann, muss geprüft werden, ob ein möglicher Anstieg oder Niedergang der Faktor-Portfolios auf eine Reduzierung des Leverage bzw. auf eine umfangreiche Liquidierungen zurückzuführen ist, oder ob ein möglicher Anstieg bzw. Niedergang lediglich eine Änderung der Marktbewertung von Value-

---

Momentum einzuordnen, jedoch ist es weiterhin möglich dieses Unternehmen bezogen auf die restlichen Faktoren einzuordnen, falls die nötigen Informationen zur Verfügung stehen. Vgl. Khandani/Lo (2008): S.12.

[85] Vgl. Khandani/Lo (2008): S.12f.

[86] Vgl. Khandani/Lo (2008): S.13.

[87] Die spezifische Benutzung der TAQ-Datenbank im Rahmen des Modells ist in Khandani/Lo (2008): S.7f nachzulesen.

[88] Ein Stock-Split ist die Reaktion eines Unternehmens auf ein ungewöhnliches Wachstum der Erträge bzw. einen Anstieg des Aktienkurses in Form einer Umwandlung von existierenden Aktien in eine größere Anzahl neuer Aktien mit einem geringeren Nominalwert. Damit sollen Aktienkurse wieder ein normales Niveau gebracht werden. Vgl. Lakonishok/Lev (1987): S.914.

[89] Vgl. Khandani/Lo (2008): S.13.

Stocks[90] bzw. Trends und Umkehrbewegungen, aufgrund typischer Marktschwankungen widerspiegelt. Eine solche Überprüfung dient als Nachweis einer Verbindung zwischen den Entwicklungen der fünf Faktor-Portfolios und der „Unwind-Hypothesis". Zu diesem Zweck werden zwei Querschnitts-Regressionen für jeden Tag von Januar bis November 2007 herangezogen. Dabei werden die täglichen Renditen von Aktien und der Turnover[91] genutzt, die beide folgendermaßen dargestellt werden können:[92]

$$R_{i,t} = \propto_t + \sum_{f=1}^{5} \beta_{f,t} D_{i,f} + \epsilon_{i,t} \quad (8a)$$

$$\mathrm{TO}_{i,t} = \gamma_t + \sum_{f=1}^{5} \delta_{f,t} \left| D_{i,f} - 5{,}5 \right| + \eta_{i,t} \quad (8b)$$

Dabei ist $R_{i,t}$ die Rendite des Wertpapiers i am Tag t. $D_{i,f}$ ist das Dezil-Ranking des Wertpapiers i gemäß Faktor f, welches sich jeden Monat ändert. $\mathrm{TO}_{i,t}$ ist der Turnover des Wertpapiers i am Tag t und ist definiert als das Verhältnis der Anzahl gehandelter Anteile zu der Anzahl der ausstehenden Anteile:[93]

$$\mathrm{TO}_{i,t} = \frac{\text{Anzahl der gehandelten Anteile der Wertpapier } i \text{ am Tag } t}{\text{Anzahl der ausstehenden Anteile der Wertpapier } i \text{ am Tag } t} \quad (9)$$

Für eine Unterstützung der „Unwind-Hypothesis", d.h. für die Bekräftigung der Annahme, dass in den Monaten Juli und August 2007 eine große Anzahl der Faktor-Portfolios liquidiert wurde, müsste ein signifikanter Anstieg der beiden Querschnitts-Regressionen, als Folge des Preiseinflusses und dem umfangreichen Volumen dieser Abwicklung, zu beobachten sein.[94]

1.3.1.3 Empirische Evidenzen

Im diesem Abschnitt wird mit Hilfe der simulierten Renditen der Faktor-Portfolios und der Berechnung der Querschnitts-Regressionen eine Verbindung zwischen den Ereignissen im August 2007 und der „Unwind-Hypothesis" geprüft.

---

[90] Als Value-Stocks werden „solide" Aktien bezeichnet. Der Begriff geht auf Benjamin Graham, den Begründer des Value-Anlagestils, zurück. Weitere Informationen zu Value-Stocks sowie zum Value-Anlagestil sind in Graham (2003) nachzulesen.

[91] Der Turnover ist ein angenähertes Maß für die Handelsaktivität eines Wertpapiers, da er die Anzahl der gehandelten Anteile mit der Anzahl der ausstehenden Anteile normalisiert. Vgl. Lo/Wang (2000): S.2 und Lo/Wang (2006): S.2812. Im Rahmen der Forschung von Lo/Wang (2000) wird der Turnover im Bezug auf das Two-Fund-Separation-Theorem untersucht. An dieser Stelle sollte ebenfalls die Forschung von Datar/Naik/Radcliffe (1998) erwähnt werden. Sie zeigt, dass Aktien mit einem geringen Turnover generell höhere Renditen erwirtschaften, als Aktien mit einem hohen Turnover. Vgl. Datar/Naik/Radcliffe (1998): S.216 und Lo/Wang (2000): S.1-3.

[92] Vgl. Khandani/Lo (2008): S.14.

[93] Vgl. Khandani/Lo (2008): S.14f.

[94] Vgl. Khandani/Lo (2008): S.14.

Zu diesem Zweck zeigt die Abbildung in *Anhang 12* zum einen im oberen Abschnitt die kumulierten täglichen Renditen für jeden der fünf Faktoren für das Jahr 2007. Zu erkennen ist eine Abnahme der drei Wertemessungen Book-to-Market, Earnings-to-Price und Cashflow-to-Market ab Anfang Juli 2007. Die beiden Momentum-Faktoren Price-Momentum und Earnings-Momentum sowie der Faktor Cashflow-to-Market erfahren sehr starke Einbrüche in der zweiten Augustwoche 2007, welche jedoch unmittelbar danach wieder ausgeglichen werden.[95]

Außerdem zeigt die Abbildung im unteren Abschnitt das Quadrat der Regressionen (8) (R^2) für jeden Tag des relevanten Zeitraumes. Zusätzlich wird der Fünf-Tages-Gleitender-Durchschnitt von R^2 aufgezeigt, um die Abweichung der Stichprobe von R^2 zu glätten. Zu erkennen ist ein bedeutender Anstieg von R^2 ab Anfang August 2007 bis auf einen Wert von über zehn Prozent. Zwar sinkt der Wert nach der zweiten Augustwoche 2007 wieder kontinuierlich, jedoch übersteigt der Wert in den letzten drei Monaten des Jahres 2007 durchgängig fünf Prozent; ein Grenzwert der vor dem Monat Juli 2007 zu keinem Zeitpunkt überschritten wird.[96]

Es wird deutlich, dass die Entwicklung der Renditen der Faktor-Portfolios der Entwicklung der simulierten „Contrarian-Strategy" sehr ähnelt, denn in beiden Fällen sind starke Einbrüche in der zweiten Augustwoche sowie eine darauffolgende „Erholung" zu erkennen.

Auch die Tatsache, dass R^2 über einen Wert von zehn Prozent gestiegen ist, unterstützt die „Unwind-Hypothesis". Es ist äußerst wahrscheinlich, dass der beschriebene Niedergang der fünf Faktoren auf eine Reduzierung des Leverage bzw. auf eine Liquidierung zurückzuführen ist und die Ursache der Ereignisse im relevanten Zeitraum demnach bei einer Reduzierung des Leverage bzw. einer Liquidierung liegt, wie in Kapitel 1.3 bereits vermutet wurde.[97]

1.3.2 Empirische Untersuchung des Handelsvolumens

Neben einer Berechnung von Faktor-Portfolios kann ebenfalls mit Hilfe des Handelsvolumens ebenfalls ein Bezug zwischen den Ereignissen im August 2007 und der „Unwind-Hypothesis" untersucht werden. Eine präzise Betrachtung des Handelsvolumens im relevanten Zeitraum lässt sich durch eine Kombination der Querschnitts-Regressionen (8) und die

[95] Vgl. Khandani/Lo (2008): S.13f.
[96] Vgl. Khandani/Lo (2008): S.14-16.
[97] Vgl. Khandani/Lo (2008): S.16.

Einteilung der fünf Faktoren in die verschiedenen Dezile bzw. deren diesbezügliche Rangfolge ermöglichen.[98] Der abgeschätzte Koeffizient der Auswirkung des Turnovers wird dabei für jeden Faktor einzeln in Basispunkten des Turnovers pro Einheit Differenz in der Dezil-Einteilung gemessen.[99,100]

Die abgeschätzten Koeffizienten der Auswirkungen des Turnovers für die einzelnen Faktoren ($\hat{\delta}_{f,t}$) werden in der Abbildung in *Anhang 13* dargestellt. Außerdem zeigt die Abbildung das Quadrat der Regressionen (8)(R^2). Zu erkennen ist eine deutliche Veränderung der Handelsaktivität im entscheidenden Zeitabschnitt. Die Sachlage, dass $\hat{\delta}_{f,t}$ für alle Faktoren stets positiv ist, besagt, dass die Wertpapiere in „attraktive" bzw. „unattraktive" Wertpapiere, entsprechend der Messungen eingestuft, werden.[101] Neben einem enormen Anstieg des abgeschätzten Koeffizienten des Faktors Price-Momentum am 8. August 2007 lässt sich auch ein Anstieg der Koeffizienten der restlichen vier Faktoren beobachten, was mit der Aussage der „Unwind-Hypothesis" ebenfalls übereinstimmt und sie folglich unterstützt.[102]

1.4 Zwischenergebnis

Die Ergebnisse der Untersuchungen der Faktor-Portfolios und des Handelsvolumens unterstützen beide die „Unwind-Hypothesis" und zeigen, dass sie als mögliche Erklärung der relevanten Ereignisse durchweg in Frage kommt. Jedoch stellen die bisherigen Ergebnisse noch keine ausreichend starke Evidenz für das Zutreffen der „Unwind-Hypothesis" dar. Der genaue Hergang in der zweiten Augustwoche 2007 bleibt weiterhin unklar.

Für den weiteren Verlauf dieser Studie ist es daher sinnvoll zwei grundlegende Annahmen zu treffen, die untersucht werden müssen. Zum einen spielt die Liquidität eine entscheidende Rolle und es müsste eine signifikante Entwicklung der Liquidität im relevanten Zeitraum zu beobachten sein.[103] Um diese Annahme zu überprüfen folgt im kommenden Kapitel 2 eine

---

[98] Siehe Kapitel 1.3.1.1 für eine Beschreibung der Einteilung in die verschiedenen Dezile.

[99] Beträgt der abgeschätzte Koeffizient für einen bestimmten Faktor bspw. 25 Basispunkte, dann impliziert dies, dass die Aktien im letzten Dezil einen einprozentig (4x25 bps = 1%) größeren Turnover haben, als Aktien des sechsten Dezils. Vgl. Khandani/Lo (2008) S.18.

[100] Vgl. Khandani/Lo (2008): S.16-18.

[101] Dies bedeutet, dass Wertpapiere des ersten und letzten Dezils dazu neigen einen größeren Turnover zu besitzen, als Wertpapiere, die in „neutralen" Dezilen, bspw. in Dezil fünf oder sechs, eingeordnet sind. Vgl. Khandani/Lo (2008): S.18.

[102] Vgl. Khandani/Lo (2008): S.18.

[103] Spätestens seit der LTCM-Krise ist klar, welche entscheidende Rolle bspw. die Liquidität im Hedgefonds-Sektor bzw. in Bezug auf eine Marktkrise spielt. Vgl. Khandani/Lo (2007): S.32.

ausführliche Untersuchung der Liquidität. Zum anderen deutet die „Unwind-Hypothesis" auf eine Interaktion zwischen verschiedenen Hedgefonds-Strategien hin, denn die Liquidierung von Hedgefonds einer bestimmten Strategie beeinflusst gemäß der Hypothese Hedgefonds anderer, unabhängiger Strategien. Diese Interaktion wird im darauf folgenden Kapitel 3 mit Hilfe einer Untersuchung der sog. „Contagion" genauer beleuchtet.[104]

[104] Eine Email-Korrespondenz mit Nicole M. Boyson ergab vorab, dass die „Contagion" im August 2007 sehr hoch war. Dies deutet auf eine Verbindung zwischen der „Unwind-Hypothesis" und der „Contagion" hin.

2 Erklärungsansatz: Assetliquidität

Die Aussagen der „Unwind-Hypothesis" sind eng mit der Liquidität verbunden. Aufgrund dessen wird in diesem Kapitel zunächst einmal die Entwicklung der Assetliquidität[105] der beiden Strategien Long/Short-Equity und Equity-Market-Neutral untersucht. Im Anschluss daran wird untersucht, wie liquide die Märkte im Zeitraum vor und während der zweiten Augustwoche 2007 gewesen sind und festgestellt, dass es in der zweiten Augustwoche 2007 zu einer „Austrocknung" der Marktliquidität kam.[106,107]

2.1 Messung der Assetliquidität der Hedgefonds-Strategien

Das in Kapitel 1.1.2 beschriebene enorme Wachstum der Anzahl an Fonds und der Anzahl der Assets pro Fonds in Verbindung mit dem in Kapitel 1.2.1 erläuterten Anstieg des benötigten bzw. genutzten Leverage deutet auf einen signifikanten Rückgang der Assetliquidität der beiden Strategien Long/Short-Equity und Equity-Market-Neutral während des letzten Jahrzehnts hin. Durch die Messung des Illiquidität-Exposures von Fonds, die in der TASS-Datenbank vertreten sind, lässt sich diese Annahme untersuchen. Die Messung wird mit Hilfe des Koeffizienten der Autokorrelation erster Ordnung der monatlichen Renditen durchgeführt. [108] Besonders da die monatlichen Renditen für jeden Fond der TASS-Datenbank verwendet werden, lässt sich folgende Gleichung aufstellen:[109]

---

[105] In der Finanzliteratur werden die Begriffe Assetliquidität und Marktliquidität teilweise synonym genutzt. Im Rahmen dieser Abhandlung werden diese Begriffe jedoch teilweise separiert. Der Begriff Assetliquidität behält seine eigentliche Bedeutung (siehe Fußnote 8) – als Oberbegriff - bei und der Begriff Marktliquidität umschreibt hier die Assetliquidität der Märkte. Diese Begriffsabgrenzung ermöglicht eine feinere Differenzierung zwischen der Liquidität der Märkte und der Liquidität der Hedgefonds-Strategien. Dabei wird der Markt dann als liquide bezeichnet, wenn die dort gehandelten Assets „einfach" gehandelt werden können. Bei den Hedgefonds-Strategien verhält es sich analog dazu. Vgl. Kyle (1985): S.1316f. für Bedingungen eines liquiden Marktes.

[106] Im weiteren Verlauf dieser Studie werden verschiedene Analysemethoden im Rahmen diverser empirischer Forschungen genutzt. Zum Verständnis dieser Methoden sind die genaue Vorgehensweise und fundamentale Begrifflichkeiten (für den Fall das keine alternative Quelle genannt ist) in Backhaus et al. (2008) nachzulesen.

[107] Viele vorangegangene Forschungsliteraturen diskutieren ebenfalls die Rolle der Liquidität in einer Marktkrise und die Rolle der Liquidität bei Hedgefonds. *Anhang 14* gibt eine kurze Übersicht über Literatur, die einen guten Einstieg in die zu behandelnde Materie ermöglicht. Eine umfassende Diskussion über theoretische und empirische Aspekte der Liquidität ist in Amihud/Mendelson/Pedersen (2005) und Hasbrouck (2007) nachzulesen.

[108] Dieses Verfahren wird von Lo (1999) vorgeschlagen und von Getmansky/Lo/Makarov (2004) weiterhin untersucht. Nähere Erläuterungen sind dort nachzulesen. Im Rahmen der Forschung von Getmansky/Lo/Makarov (2004) wird die Tatsache, dass die Renditen von Hedgefonds oft fortlaufend korreliert sind, untersucht. Es wird empirisch gezeigt, dass diese Korrelation u.a. auf das Illiquidität-Exposure zurückzuführen ist. Vgl. Getmansky/Lo/Makarov (2004): S.529.

[109] Vgl. Khandani/Lo (2007): S.30.

$$\hat{\rho}_{1i} \equiv \frac{(T-2)^{-1}\sum_{t=2}^{T}(R_{i,t}-\hat{\mu}_i)(R_{i,t-1}-\hat{\mu}_i)}{(T-1)^{-1}\sum_{t=1}^{T}(R_{i,t}-\hat{\mu}_i)^2}, \hat{\mu}_i \equiv T^{-1}\sum_{t=1}^{T} R_{i,t} \quad (10)$$

Gleichung (10) stellt die Korrelation zwischen der Rendite des Fonds i und dessen verzögerte Rendite des vorangehenden Monats dar. Getmansky/Lo/Makarov (2004) zeigen, dass durch die Benutzung einer Rolling-Window-Analyse der Koeffizient der Autokorrelation für verschiedene Renditen von Assets bestimmt werden kann. Dadurch kann eine Änderung des Risikos, dass eine Illiquidität dieser Assets existiert, erfasst werden.[110,111]

Wird $\hat{\rho}_{1,i}$ nun als ein Maß der Liquidität eines jeden Fonds i genutzt, dann lassen sich die folgenden drei aggregierten Messzahlen für das Illiquidität-Exposure von Long/Short-Equity-Fonds konstruieren:[112]

$$\hat{\rho}_{a,t} \equiv \frac{1}{n}\sum_{i=1}^{n}\hat{\rho}_{1i,t} \quad (11a)$$

$$\hat{\rho}_{b,t} \equiv \sum_{i=1}^{n}\frac{\mathrm{AUM}_{i,t}}{\sum_j \mathrm{AUM}_{j,t}}\hat{\rho}_{1i,t} \quad (11b)$$

$$\hat{\rho}_{c,t} \equiv \mathrm{Median}(\hat{\rho}_{1,1,t}, \dots, \hat{\rho}_{1,n,t}) \quad (11c)$$

Dabei ist $\hat{\rho}_{a,t}$ der monatliche gleichgewichtete Mittelwert, $\hat{\rho}_{b,t}$ der monatliche Asset-gewichtete Mittelwert und $\hat{\rho}_{c,t}$ der monatliche Median von $\hat{\rho}_{1,i}$ bezüglich aller Fonds i, die in den Kategorien Long/Short-Equity-Hedge und Market-Neutral-Equity der TASS-Datenbank enthalten sind.[113]

Die Abbildung in *Anhang 15* zeigt den gleichgewichtigen und den Asset-gewichteten Mittelwert sowie den Median einer 60-Monat-Rolling-Window-Autokorrelation individueller Renditen von Hedgefonds für den Zeitabschnitt von Dezember 1994 bis zum Juni 2007. Genutzt werden alle Fonds der TASS-Datenbank („Live"-Fonds und „Graveyard"-Fonds), deren AUM in US-Dollar notiert sind und die mindestens sechzig Monate durchgängige Renditen aufweisen.[114] Jede der drei Maßzahlen zeigt einen stetigen Anstieg der aggregierten Autokorrelation seit dem Jahr 2000. Lediglich Ende 2004 ist ein kurzer Einbruch zu erkennen. Zusammengefasst lässt sich sagen, dass das Illiquidität-Exposure gestiegen ist, was darauf hindeutet, dass die Liquidität in den Jahren 2000 bis 2006 in den untersuchten Sektoren,

---

110 In diesem Zusammenhang zeigen Getmansky/Lo/Makarov (2004), dass stark wertmäßige Fonds für $\hat{\rho}_{1i}$ dazu neigen weniger liquide zu sein. Vgl. Getmansky/Lo/Makarov (2004): S.588f.

111 Vgl. Getmansky/Lo/Makarov (2004): S.587-590 und Khandani/Lo (2007): S.30.

112 Vgl. Chan et al. (2006): S.62f., Chan et al. (2007): S.277 und Khandani/Lo (2007): S31.

113 Vgl. Khandani/Lo (2007): S.31.

114 Fehlen für einen bestimmten Monat Daten über die AUM eines Fonds, dann werden stattdessen die Daten über die aktuellsten vorhandenen AUM des Fonds genutzt. Vgl. Khandani/Lo (2007): S.52.

welche als zwei der liquidesten Sektoren gelten, signifikant stark gesunken ist.[115] Dieses Ergebnis ist von großer Bedeutung, denn die „Unwind-Hypothesis" ist eng mit der Tatsache verbunden, dass Long/Short-Equity-Strategien bei weitem weniger liquide sind, als von den Marktteilnehmern angenommen wird.[116]

2.2 Entwicklung der Marktliquidität im Zeitraum 1995-2007

Nachdem im vorangegangenen Kapitel die Assetliquidität der beiden Strategien Long/Short-Equity und Equity-Market-Neutral untersucht wurde, wird in diesem Abschnitt die Entwicklung der Assetliquidität der Märkte in den letzten Jahren genauer analysiert.[117]

Um die Liquidität des Equity-Marktes zu messen, kann eine Analyse der in Kapitel 1.1.1 erläuterten „Contrarian-Strategy", herangezogen werden. Diesmal jedoch wird diese Strategie bzw. ihre Profitabilität aus Sicht der Market-Maker[118] betrachtet, z.B. durch eine empirische Analyse der Provision-of-Immediacy.[119]

Eine Grundlage für eine solche empirische Analyse bildet das Modell von Grossman/Miller (1988). In ihrem Modell existieren zwei Typen von Marktteilnehmern und zwar Market-Maker und außenstehende Bezieher[120] sowie eine Provision-of-Immediacy bzw. Provision-of-Liquidity. Market-Maker versorgen zufällig ausgewählte außenstehende Bezieher mit Liquidität, damit diese eine Mean-Reversion der Preise hervorrufen. [121] Campbell/Grossmann/Wang (1992) weisen darauf hin, dass die Preisänderung eines Wertpapiers

---

[115] Jedoch ist zu erwähnen, dass das Illiquidität-Exposure weiterhin deutlich geringer ist, als das Exposure vieler anderer Kategorien, wie z.B. Convertible-Arbitrage und Emerging-Markets. Vgl. Khandani/Lo (2007): S.32. Die Untersuchung der Illiquidität-Exposure der anderen Kategorien kann in Getmansky/Lo/Makarov (2004) und Chan et al. (2006 und 2007) nachzulesen werden.

[116] Vgl. Khandani/Lo (2007): S.9 und S.31f.

[117] An dieser Stelle sei erwähnt, dass es weitere lesenswerte Literatur gibt, die sich umfangreich mit der Messung der Liquidität beschäftigt. In *Anhang 16* findet sich ein kurzer Überblick über diese Literatur. Daneben werden im kommenden Kapitel 3.4 wichtige Verfahren zur Untersuchung der Liquidität erläutert und in diesem Zusammenhang weitere Literatur genannt. Diese Verfahren sind für den weiteren Verlauf dieser Abhandlung unverzichtbar. Es handelt sich dabei um Untersuchungen im Rahmen der Studien von Amihud (2002) und Boyson/Stahel/Stulz (2008).

[118] Market-Maker sind Intermediäre, welche die Marktliquidität sichern, indem sie permanent Liquidität für Liquiditätsnachfragern bereitstellen und dadurch kurzweilige Ungleichgewichte zwischen Angebot und Nachfrage ausgleichen. Vgl. Bookstaber (2007): S.213.

[119] Vgl. Khandani/Lo (2008): S.19f.

[120] Vgl. Grossman /Miller (1988): S.3.

[121] Die Verbindung zwischen Liquiditätsnachfragern und Liquiditätsversorgern sowie die Rolle der Unmittelbarkeit (Immediacy) der Versorgung mit Liquidität wird in Bookstaber (1999) beschrieben. Vgl. Bookstaber (1999): S.8f.

einerseits auf neue und wichtige Informationen über dessen Wert und andererseits auf ein Ungleichgewicht von Angebot und Nachfrage zurückzuführen ist.[122]

Aufgrund der Tatsache, dass die Bereitstellung von Liquidität so beschaffen ist, dass sie auf einer Mean-Reversion basiert, eignet sich die „Contrarian-Strategy" idealerweise für eine Messung der Marktliquidität, denn die „Contrarian-Strategy" setzt - wie in Kapitel 1.1.1 beschrieben - ebenfalls auf die Mean-Reversion aller *N* Wertpapiere.[123]

Gleichzeitig versorgt die „Contrarian-Strategy" den Markt mit Liquidität. Die Tatsache, dass Verlierer Aktien mit Underperformance sind (d.h., es gibt Aktien mit einer, relativ zum Marktdurchschnitt, geringeren Performance), impliziert, dass es ein Ungleichgewicht zwischen Angebot und Nachfrage gibt. Bspw. führt ein Angebotsüberschuss dazu, dass die Preise für diese Wertpapiere sinken und umgekehrt. Dieses Ungleichgewicht wird jedoch durch die „Contrarian-Strategy" stabilisiert, denn der Kauf von Verlierern erhöht die Nachfrage nach Verlierern und der Verkauf von Gewinnern erhöht das Angebot an Gewinnern. Die unmittelbare Bereitstellung von Liquidität sowie eine „Gebühr", welche Investoren für diesen Dienst zahlen müssen, erfolgt über den Bid/Offer-Spread die Preisumkehr, wie von Grossmann/Miller (1988) beschrieben.[124] Ursprünglich erfüllten speziell zu diesem Zweck vorgesehene Market-Maker, bspw. NSYE/AMEX-Spezialisten und NASDAQ-Dealer, die Aufgabe, den Markt mit Liquidität zu versorgen, wofür sie durch den Bid/Offer-Spread entlohnt wurden. Im letzten Jahrzehnt begannen jedoch Hedgefonds sowie Proprietary-Trading-Desks mit traditionellen Market-Makern zu konkurrieren. Durch sie fliest nun ebenfalls ein enormer Betrag an Liquidität in den Markt, wodurch sie attraktive Renditen für sich und ihre Investoren erzielen.[125,126]

2.2.1 Betrachtung des Zeithorizontes

Eine wichtige Rolle bei der Interpretation der Profitabilität der „Contrarian-Strategy" (1) spielt hier der Zeithorizont, in dem die Profite der Strategie festgelegt sind. Da die Nachfrage nach der Provision-of-Immediacy in verschiedenen Horizonten ansteigt, kann das Analysieren von Liquiditätsschocks und informiertem Handel schwierig sein. Falls die Market-Maker nun

---

[122] Vgl. Khandani/Lo (2008): S.20.
[123] Vgl. Khandani/Lo (2008): S.20.
[124] Vgl. Grossman /Miller (1988): S.21-24 für eine nähere Erläuterung.
[125] Agarwal et al. (2007) untersuchen empirisch die Rolle der Hedgefonds bei der Liquiditätsversorgung von Märkten für Wandelanleihen. Vgl. Agarwal et al. (2007): S.2.
[126] Vgl. Khandani/Lo (2007): S.10 und Khandani/Lo (2008): S.21.

cet.par. den Betrag ihres Kapitals, welches sie bereit sind anzubieten, reduzieren, wird der Preiseinfluss eines Handels mit Liquidität stärker und die Zeit, die der Preis braucht um nach einem solchen Handel wieder auf sein ursprüngliches Niveau zurückzukehren, steigt an.[127]

Um dieses Phänomen zu erfassen, müssen die erwarteten Renditen der „Contrarian-Strategy“ für diverse Holding-Periods untersucht werden. Zu diesem Zweck wird eine Strategie in Betracht gezogen, die auf den Portfolio-Gewichten aus (1) basiert, deren Positionen jedoch fix für q Perioden gehalten werden. Die Profite für eine solche q-Perioden-„Contrarian-Strategy“ sind gegeben durch:[128]

$$\pi_t(q) \equiv \sum_{i=1}^{N}\left(\omega_{i,t} \sum_{l=1}^{q} R_{i,t+l}\right) \quad (12)$$

Bei diesem Ausdruck handelt es sich lediglich um eine Annäherung, da die Renditen des Wertpapiers i in der Periode$t$($R_{i,t}$) als einfache Rendite festgelegt werden und der Logarithmus der Summe nicht der Summe der Logarithmen entspricht. Die Abweichung dieser Annäherung ist jedoch typischerweise klein. Die gilt insbesondere für kurze Holding-Periods, z.B. wenn diese nur ein paar Tage betragen. Die Bestandteile von $\mathrm{E}[\pi_t(q)]$, d.h. der Bestandteil der erwarteten Profite in q-Perioden, innerhalb eines allgemeinen Kovarianz-stationären und Rendite-erzeugenden Prozesses, werden durch die folgende **Proposition (A)** zusammengefasst:[129,130]

Zum einen wird eine Ansammlung von N Wertpapieren, deren Renditen der Perioden t $[R_{1,t} \dots R_{N,t}]'$ durch den $(N \times 1)$-Vektor $\mathbf{R}_t$ angezeigt werden, berücksichtigt. Es wird angenommen, dass $\mathbf{R}_t$ einen gemeinsamen Kovarianz-stationären stochastischen Prozess mit den Erwartungen $\mathrm{E}[\mathbf{R}_t] \equiv \boldsymbol{\mu} \equiv [\mu_1 \dots \mu_N]'$ und den Autokovarianz-Matrizen $\mathrm{E}[(\mathbf{R}_{t-l} - \boldsymbol{\mu})(\mathbf{R}_t - \boldsymbol{\mu})'] \equiv \boldsymbol{\Gamma}_l \equiv [\gamma_{i,j}(l)]$ darstellt. Zum anderen wird eine Zero-Net-Investment-Strategie einbezogen, die $\omega_{i,t}$ Dollar, gegeben durch Gleichung (1), in das Wertpapier i anlegt. $\mathrm{E}[\pi_t(q)]$ ist dabei gegeben durch:[131]

$$\mathrm{E}[\pi_t(q)] = \mathcal{M}(\boldsymbol{\Gamma}_1) + \dots + \mathcal{M}(\boldsymbol{\Gamma}_q) - q\sigma^2(\boldsymbol{\mu}) \quad (13)$$

[127] Vgl. Khandani/Lo (2008): S.21.
[128] Vgl. Khandani/Lo (2008): S.21.
[129] Vgl. Die kommenden Kapitel 2.2.1.1, 2.2.1.2, 2.2.1.3 und 2.2.1.4 setzen diese Proposition fort.
[130] Vgl. Khandani/Lo (2008): S.21.
[131] Vgl. Khandani/Lo (2008): S.21f.

Es gilt:[132]

$$\mathcal{M}(A) \equiv \frac{1}{N^2}\boldsymbol{\iota}'\mathbf{A}\boldsymbol{\iota} - \frac{1}{N}\mathrm{tr}(\mathbf{A})\ ,\ \sigma^2(\boldsymbol{\mu}) \equiv \frac{1}{N}\sum_{i=1}^{N}(\mu_i - \mu_m)^2\ ,\ \mu_m \equiv \frac{1}{N}\sum_{i=1}^{N}\mu_i \quad (14)$$

Dabei ist $\boldsymbol{\iota}$ ein $(N \times 1)$-Einheitsvektor.[133]

Falls die Mean-Reversion impliziert, dass die „Contrarian-Strategy" profitabel ist, dann impliziert das Price-Momentum das Gegenteil. Lo/MacKinlay (1989) zeigen empirisch, dass für den Fall, dass die Renditen persistent sind, z.B. bei positiv autokorrelierten Renditen, die „Contrarian-Strategy" (1) negative Profite aufweist.[134] Demnach verliert die „Contrarian-Strategy" - wie auch andere Market-Making-Strategien - wenn die Preise Trends aufzeigen. Dies geschieht entweder aufgrund einer adversen Selektion, d.h. aufgrund privater Informationen, oder wegen einer anhaltenden Liquidierung, durch die Market-Maker Verluste bewältigen. Diese Tatsache kann die ungewöhnlichen Verluste während der zweiten Augustwoche des Jahres 2007 erklären und wird zu diesem Zwecke im Folgenden weiter untersucht. Zunächst einmal wird angenommen, dass die Renditen von Aktien das folgende simple lineare, multivariate Faktor-Modell erfüllen:[135]

$$R_{i,t} = \mu_i + \beta_i \nu_t + \lambda_{i,t} + \eta_{i,t} \quad (15a)$$

$$\lambda_{i,t} = \theta_i \lambda_{i,t-1} - \epsilon_{i,t} + \epsilon_{i,t-1}\ ,\ \theta_i \in (0,1) \quad (15b)$$

$$\nu_t = \rho \nu_{t-1} + \zeta_t\ ,\ \rho \in (-1,1) \quad (15c)$$

Dabei sind $\epsilon_{i,t}$, $\eta_{i,t}$ und ζ_t zufällige White-Noise-Variablen, welche bei jeder Ableitung und bei jedem Lag unkorreliert sind. $\epsilon_{i,t}$ repräsentiert den Einfluss eines zufälligen idiosynkratrischen Nachfrage- bzw. Angebotsschocks und $\eta_{i,t}$ repräsentiert idiosynkratrische Fluktuationen in den Renditen des Wertpapiers i. Dabei sind diesen Renditen und die Liquidität bzw. allgemeinen Faktoren unkorreliert. Der Ausdruck $\lambda_{i,t}$ ist eine reduzierte Form der Interaktion zwischen den Market-Makern und der öffentlichen Ordnung über den kumulierten Verlauf von $\epsilon_{i,t}$. Die Marktinformationen werden durch den sog. „Common-Factor"[136] ν_t erfasst. Dieser Faktor ist in der Lage die Mean-Reversion, das Momentum, oder bestimmte Störungen zu erfassen, falls ρ kleiner als Null ist, gleich Null ist oder größer als Null ist.[137]

---

[132] Vgl. Khandani/Lo (2008): S.22.
[133] Vgl. Khandani/Lo (2008): S.22.
[134] Vgl. Lo/MacKinlay (1989): S.17.
[135] Vgl. Khandani/Lo (2008): S.22.
[136] Dieser Begriff kann als der „gebräuchliche-Faktor" übersetzt werden.
[137] Vgl. Khandani/Lo (2008): S.22f.

Im Einzelnen zeigt die reduzierte Form von (15) einen ARMA(1,1)-Prozess (Autoregressive-Moving-Average), wodurch negative Autokorrelationen aufgezeigt werden um die Mean-Reversion, die von den Aktivitäten der Market-Maker erzeugt wird, zu erfassen.[138] Für die Ausarbeitung eines besseren Verständnisses des Zeitreihenverhaltens der Mean-Reversion kann $\lambda_{i,t}$ auch als der folgende Prozess unendlicher Ordnung ausgedrückt werden:[139]

$$\lambda_{i,t} = -\epsilon_{i,t} + \left(\frac{1-\theta_i}{\theta_i}\right)\theta_i\epsilon_{i,t-1} + \left(\frac{1-\theta_i}{\theta_i}\right)\theta_i^2\epsilon_{i,t-2} + \dots, \theta_i \in (0,1) \quad (16)$$

Dabei addieren sich die Koeffizienten in (16) zu Null, sodass der Einfluss eines jeden $\epsilon_{i,t}$ temporär ist und der Parameter θ_i die Geschwindigkeit der Mean-Reversion steuert.[140]

2.2.1.1 Variationen der Parameter

Durch eine Variation der Parameter des Rendite-erzeugenden Prozesses (15) lässt sich die relative Bedeutung fundamentaler Schocks und Aktivitäten der Market-Maker für die untersuchten Wertpapiere i ändern.[141]

Folgendes Beispiel verdeutlicht diesen Sachverhalt: Werden Parameter unterstellt, die dazu führen, dass der „Common-Factor" ν_t den Prozess $R_{i,t}$ dominiert, dann entspricht das einer Zusammenstellung bestimmter Marktverhältnisse in denen Liquiditätshändler, z.B. Market-Maker lediglich von geringfügiger Bedeutung sind und der „Common-Factor" der maßgebliche Wachstumstreiber bzw. Versorger der Liquidität ist. Auf der anderen Seite könnte angenommen werden, dass die Anzahl der Freiheitsgrade von ν_t im Vergleich zu $\lambda_{i,t}$ relativ gering ist. Dieser Fall würde einen Markt widerspiegeln, bei dem die Liquiditätshändler die maßgeblichen Wachstumstreiber der Liquidität sind.[142]

Dieses Beispiel lässt erwarten, dass diese beiden Fälle zu sehr unterschiedlichen Formen der Wirtschaftlichkeit der „Contrarian-Strategy" (1) führen. Daher sind diese Komponenten sehr relevant bzw. geeignet für eine – im weiteren Verlauf folgende - empirische Analyse der Profite der „Contrarian-Strategy". Als Rahmenbedingung für eine empirische Analyse werden bestimmte Sonderfälle für das Modell (15) in den kommenden Kapiteln untersucht.[143]

---

[138] Ein Beispiel dafür ist ein Bid/Ask-Bounce. Vgl. Khandani/Lo (2008): S.23. Nähere Erläuterungen zum Bid/Ask-Bounce sind in Roll (1984): S.1135-1137 nachzulesen.
[139] Vgl. Khandani/Lo (2008): S.23.
[140] Vgl. Khandani/Lo (2008): S.23.
[141] Vgl. Khandani/Lo (2008): S.23.
[142] Vgl. Khandani/Lo (2008): S.23.
[143] Vgl. Khandani/Lo (2008): S.23.

2.2.1.2 Unkorrelierte Renditen

Gilt für das Modell (15) $\beta_i \equiv 0$ und $\lambda_{i,t} \equiv 0$, dann impliziert dies, dass der Prozess $\mathbf{R}_t$ ausschließlich durch unternehmensspezifische, idiosynkratrisches Schocks $\eta_{i,t}$, welche fortlaufend und querschnittsweise unkorreliert sind, angetrieben wird. In diesem Fall gilt $\mathbf{\Gamma}_l = 0$, für alle $l \neq 0$. Demgemäß folgt für die erwarteten Profite von q Perioden:[144]

$$\mathrm{E}[\pi_t(q)] = -q\sigma^2(\boldsymbol{\mu}) < 0 \quad (17)$$

Die Renditen sind ebenfalls fortlaufend und querschnittsweise unkorreliert und der erwartete Profit ist negativ, solange die erwarteten Renditen eine querschnittsweise Abweichung aufweisen. In diesem Spezialfall besteht die „Contrarian-Strategy“ aus dem Shorten von Aktien mit einer hohen zu erwartenden Rendite und dem Kauf von Aktien mit einer geringen zu erwartenden Rendite. Das wiederum führt zu einer negativen erwarteten Rendite. Diese Rendite ist in der Holding-Period q und der querschnittsweisen Varianz der erwarteten Renditen von individuellen Wertpapieren stets linear.[145]

2.2.1.3 Idiosynkratrische Liquiditätsschocks

Gilt für das Modell (15) $\rho \equiv 0$, sodass der „Common-Factor” fortlaufend unkorreliert ist, dann ist $\mathrm{E}[\pi_t(q)]$ gegeben durch:[146]

$$\mathrm{E}[\pi_t(q)] = \frac{N-1}{N^2}\sum_{i=1}^{N}\frac{1-\theta_i^q}{2}\sigma_{\lambda_i}^2 - q\sigma^2(\boldsymbol{\mu}) \quad (18)$$

In diesem Fall profitiert die Strategie von einer korrekten Spekulation auf eine Mean-Reversion bezüglich $\lambda_{i,t}$. Auch hier verliert die Strategie einen geringen Betrag durch eine querschnittsweise Streuung der erwarteten Renditen. Für eine fixe Holding-Period q ist die erwartete Rendite eine ansteigende Funktion der Volatilität der Liquiditätskomponente ($\sigma_{\lambda_i}^2$) und eine abnehmende Funktion der Geschwindigkeit der Mean-Reversion (θ_i). Solange die querschnittsweise Streuung der erwarteten Renditen ($\sigma^2(\boldsymbol{\mu})$) nicht zu groß ist, stellen die erwarteten Profite eine ansteigende und konkave Funktion während der gesamten Holding-Period q dar.[147]

---

[144] Vgl. Khandani/Lo (2008): S.23f.
[145] Vgl. Khandani/Lo (2008): S.24.
[146] Vgl. Khandani/Lo (2008): S.24.
[147] Vgl. Khandani/Lo (2008): S.24.

2.2.1.4 Der „Common-Factor" und idiosynkratrische Liquiditätsschocks

Angenommen es gilt für das Modell (15) nun $\rho \neq 0$, d.h., der „Common-Factor" ist autokorreliert, dann sind die erwarteten Profite in der Periode q folgendermaßen gegeben:[148]

$$\mathrm{E}[\pi_t(q)] = \frac{N-1}{N^2}\sum_{i=1}^{N}\frac{1-\theta_i^q}{2}\sigma_{\lambda_i}^2 - \rho\frac{1-\rho^q}{1-\rho}\sigma_v^2\sigma^2(\beta) - q\sigma^2(\boldsymbol{\mu}) \quad (19)$$

Im Gegensatz zu (18) kann die „Contrarian-Strategy" von dem „Common-Factor", in Abhängigkeit von dem Wert den ρ annimmt, profitieren bzw. Verluste erleiden, falls eine querschnittsweise Streuung in den Betas des „Common-Factors" (β_i) existiert.[149]

Für den Fall, dass $\rho < 0$ gilt, d.h. für den Fall, dass der „Common-Factor" negativ fortlaufend korreliert ist, sind die beiden Bedingungen von (19) eindeutig positiv. Demnach wirkt sich eine Mean-Reversion der beiden Komponenten „Common-Factor" und Liquidität in beiden Fällen positiv auf die erwarteten Profite aus. Falls jedoch $\rho > 0$ gilt, d.h., falls die Komponente „Common-Factor" ein Momentum aufweist, dann haben die beiden Terme von (19) ein unterschiedliches Vorzeichen. Aufgrund der Tatsache, dass – wie bereits erläutert - die „Contrarian-Strategy" Gewinner verkauft und Verlierer kauft, profitiert die „Contrarian-Strategy" (1) zwar von Liquiditätsschocks $\lambda_{i,t}$, die zu einer Mean-Reversion führen, aber sie erleidet durch die Existenz eines Momentums im „Common-Factor" Verluste.[150]

Falls ρ und die querschnittsweise Veränderlichkeit der Betas β_i ausreichend groß sind, kann der zweite Ausdruck von (19) den ersten dominieren. Dies führt dazu, dass die erwarteten Profite für die „Contrarian-Strategy" während aller Holding-Periods q negativ sind. Ist ρ jedoch klein und positiv, dann kann die „Contrarian-Strategy" negative erwartete Profite über kurze Holding-Periods durch das Momentum in dem „Common-Factor" aufweisen. Sie kann aber auch positive erwartete Profite über längere Holding-Periods aufweisen, falls der Einfluss des „Common-Factor" sinkt und der Liquiditätsterm zusammen mit q ansteigt.[151,152]

Zur Verdeutlichung dieses Sachverhaltes kann folgende Vereinfachung herangezogen werden: Angenommen es gilt $\theta_i = \theta$ und $\sigma_{\lambda_i}^2 = \sigma_\lambda^2$ für alle $i, \sigma^2(\boldsymbol{\mu}) \approx 0$ und es wird unter-

[148] Vgl. Khandani/Lo (2008): S.24.
[149] Vgl. Khandani/Lo (2008): S.24f.
[150] Vgl. Khandani/Lo (2008): S.25.
[151] In diesem Fall ist (19) positiv. Damit (19) positiv ist, muss der Liquiditätsterm den Term des „Common-Factors" sowie die querschnittsweise Veränderlichkeit der erwarteten Renditen dominieren. Vgl. Khandani /Lo (2008): S.25.
[152] Vgl. Khandani/Lo (2008): S.25.

stellt das N groß ist. In diesem Fall wird der erwartete Profit von (15), normalisiert durch die Varianz der Liquiditätskomponente (σ_λ^2), zu folgender Gleichung reduziert:[153]

$$\frac{\mathrm{E}[\pi_t(q)]}{\sigma_\lambda^2} \approx \frac{1-\theta^q}{2} - \rho\frac{1-\rho^q}{1-\rho}\frac{\sigma_v^2}{\sigma_\lambda^2}\sigma^2(\beta) \quad (20)$$

Diese normalisierten Profite (20) werden in der Grafik in *Anhang 17* als eine Funktion des Autokorrelationskoeffizienten des „Common-Factors" (ρ) und der Holding-Period q dargestellt, wobei die verbleibenden Parameter die Werte $\theta = 1/2$, $\sigma_v^2/\sigma_\lambda^2 = 50$ und $\sigma^2(\beta) = (1/4)^2 = 1/16$ annehmen.[154] Zu erkennen ist der Sachverhalt, dass der erwartete Profit in der Holding- Period q immer steigt, d.h., dass der erwartete Profit konkav ist. Während bei einem ausreichend starken Momentum, d.h. bei einem positiven ρ, die erwarteten Profite der Strategie in allen Holding-Periods negativ werden, erhöht eine Mean-Reversion des „Common-Factors" die erwarteten Profite der Strategie. Die intermediäre Region zeigt einen interessanten und für den weiteren Verlauf dieser Untersuchung äußerst relevanten Tatbestand: Die erwarteten Profite sind für kurze Holding-Periods negativ und für ausreichend lange Holding-Periods positiv.[155]

2.2.1.5 Empirische Evidenzen

Für eine empirische Untersuchung wird die „Contrarian-Strategy" (1) nun auf historische Renditen von US-Aktien für den Zeitraum vom 3. Januar 1995 bis zum 31. Dezember 2007 angewendet. Wie in Kapitel 1.1.1 detailliert beschrieben ist die Rendite der Strategie ($R_{p,t}$) für jede Periode t das Ergebnis der Division des Profites bzw. des Verlustes der jeweiligen Periode durch das totale eingesetzte Kapital, das benötigt wurde um diese Profite bzw. Verluste zu generieren. In Abhängigkeit zu der Holding-Period q lässt sich $R_{p,t}$ folgendermaßen ausdrücken:[156]

$$R_t(q) \equiv \frac{\pi_t(q)}{I_t} \quad (21)$$

---

153 Vgl. Khandani/Lo (2008): S.25.

154 Der Beweggrund für die Festlegung eines solchen Wertes für $\sigma_v^2/\sigma_\lambda^2$ ist die Bedeutung des „Common-Factors" während der Ereignisse im August 2007. Der Beweggrund für den Wert von $\sigma^2(\beta)$ ist die Tatsache, dass 95 Prozent der Betas um einen Wert zwischen +0,5 und -0,5 ihres Durchschnittes fallen, falls sie mit einer Varianz von $1/16$ normalverteilt sind. Vgl. Khandani/Lo (2008): S.26.

155 Vgl. Khandani/Lo (2008): S.25f.

156 Vgl. Khandani/Lo (2008): S.27.

Dabei ist der Profit der Strategie $\pi_t(q)$ durch (12) gegeben und das eingesetzte Kapital I_t ist durch (3) gegeben.[157]

Das Diagramm in *Anhang 18* zeigt, ausgehend von Gleichung (21), die durchschnittliche Rendite der - auf Bestandteile des S&P 1500 Indexes angewendeten - „Contrarian-Strategy“ für den Fall, dass die Portfolios auf Grundlage von Renditen mit einem Ein-Tages-Lag und Positionen, die zwischen einem und zehn Tagen gehalten werden, konstruiert werden. Das Diagramm erstreckt sich vom 3. Januar 1995 bis zum 31. Dezember 2007. Am gesamten Durchschnitt der Renditen aller Jahre wird deutlich, dass die erwarteten Renditen mit einem Anstieg der Holding-Periods, d.h. mit steigendem q, ansteigen, jedoch mit einer abnehmenden Rate. Ein Vergleich der durchschnittlichen Renditen der einzelnen Jahre zeigt im Gegensatz dazu, dass das absolute Niveau der erwarteten Renditen gesunken ist.[158,159]

Diese Tatsache unterstützt den Sachverhalt, dass die Konkurrenz auf den Equity-Märkten stark gestiegen ist (siehe Kapitel 1.1.2). Als Resultat ist die Profitabilität der Aktivitäten der Market-Maker stark gesunken. Dieser Niedergang der Profitabilität kann ein Indikator dafür sein, dass die Assetliquidität der US-Equity-Märkte im letzten Jahrzehnt gestiegen ist. Diese Annahme muss jedoch überprüft werden.[160]

2.2.2 Messung der Marktliquidität mit Hilfe des Handelsvolumens

Die Ergebnisse aus dem vorangegangenen Kapitel lassen sich überprüfen, indem eine Verbindung zwischen dem Handelsvolumen und der Preisänderungen hergestellt wird.

2.2.2.1 Modellaufbau

Khandani/Lo (2008) ziehen zu diesem Zweck das Modell von Kyle (1985) heran, wodurch die Liquidität mit einer linearen Regression bestimmt werden kann, indem das Volumen, das

---

[157] Hier ist zu beachten, dass es sich auch bei diesem Ausdruck von $R_t(q)$- genauso wie bei Gleichung (2) - um ein Portfolio mit einem 2:1 Leverage (Strategie unterliegt der Regulation T) handelt. Wie in Kapitel 1.2.1 bereits detailliert dargelegt müssen die Renditen jedoch mit einem angenäherten Leverage (bspw. mit einem 8:1 Leverage) multipliziert werden um eine realistische Berechnung der Renditen in den relevanten Jahren zu gewährleisten. Vgl. Khandani/Lo (2008): S.27.

[158] Bspw. liegen alle durchschnittlichen Renditen der einzelnen Jahre vor 2002 über dem Gesamtdurchschnitt der Renditen aller Jahre, aber jede der durchschnittlichen Renditen der einzelnen Jahre nach 2002 unter dem gesamten Durschnitt der Renditen aller Jahre. Vgl. Khandani/Lo (2008): S.27.

[159] Vgl. Khandani/Lo (2008): S.27.

[160] Vgl. Khandani/Lo (2008): S.27f.

benötigt wird um den Preis um einen US-Dollar zu bewegen, genutzt wird.[161,162] Kernstück dieser Methode ist das Kyle's-Lambda, wodurch die Markliquidität invers berechnet wird. Dies bedeutet, dass je höher der Wert für Lambda ist, desto geringer sind die Marktliquidität und die Markttiefe.[163]

Zur Anwendung dieser Methode werden die täglichen Renditen individueller Aktien des Zeitraums Januar 1995 bis Dezember 2007 integriert. Diese Aktien sind im entsprechenden S&P Index notiert und müssen mindestens fünfzehn Tage des jeweiligen Monats Renditen aufweisen. Gegeben sind dabei die Sequenzen der täglichen Renditen, $\{R_{i,1}, R_{i,2} \dots R_{i,T}\}$, die Sequenzen des Schlusskurses, $\{p_{i,1}, p_{i,2} \dots p_{i,T}\}$ sowie die Sequenzen des Volumens, $\{V_{i,1}, V_{i,2} \dots V_{i,T}\}$ für das Wertpapier i in einem bestimmten Monat. Damit lässt sich die folgende Regression bestimmen:[164]

$$R_{i,t} = \hat{c}_i + \hat{\lambda}_i \cdot \mathrm{Sgn}(t) \log\left(V_{i,t} p_{i,t}\right) + \epsilon_{i,t} \quad (22)$$

$\mathrm{Sgn}(t)\log\left(V_{i,t} p_{i,t}\right)$ ist das gezeichnete Volumen des Wertpapiers i zum Zeitpunkt t. Es gilt $\mathrm{Sgn}(t) \equiv \{+1 \text{ oder } -1\}$, in Abhängigkeit von der Richtung des Handels (Kauf oder Verkauf). Wenn $R_{i,t}$ positiv ist, dann wird a $+ 1$ für den gesamten Tag festgesetzt, damit ein Net-Buying indiziert wird und für den Fall, dass $R_{i,t}$ negativ ist, wird a $- 1$ für den gesamten Tag festgesetzt, um ein Net-Selling zu indizieren. Tage, die kein Volumen aufweisen, werden ausgegrenzt.[165,166] Diese Methode eignet sich insbesondere wegen ihrer einfachen Anwendung auf tägliche Renditen.[167,168]

---

161 Viele der vorhergegangenen empirischen Untersuchungen der Liquidität, bspw. die von Brennan/Subrahmanyam (1996), Brennan/Tamarowski (2000), Pastor/Stambaugh (2001) und Anand/Weaver (2006) basieren ebenfalls auf dem Modell von Kyle (1985). Vgl. Brennan/Subrahmanyam (1996): S.441-443, Brennan/Tamarowski (2000): S.31, Pastor/Stambaugh (2001): S.3-7 und Anand/Weaver (2006): S. 107-109.

162 Das Diagramm in *Anhang 19* zeigt, dass das Volumen im August 2007 ungewöhnlich hoch war. Daher eignen sich viele der bereits erwähnten alternativen Messungen der Liquidität, die auf dem Volumen basieren (u.a. Brennan/Chordia/Subrahmanyam (1998), Chordia/Roll/Subrahmanyam (2000) und Amihud (2002)), aus empirischen Gesichtspunkten in diesem Fall nur bedingt um das volle Ausmaß der Entwicklung der Liquidität aufzuzeigen. Daher wird das Modell von Kyle (1985), welches nicht auf dem Volumen, sondern auf einer linearen Regression basiert, vorgezogen. Vgl. Khandani/Lo (2008): S.28.

163 Vgl. Khandani/Lo (2008): S.29.

164 Vgl. Khandani/Lo (2008): S.29.

165 Der Fall, dass ein Tag kein Volumen aufweist, ist in der Realität jedoch sehr selten, insbesondere bei Aktien des Indexes S&P 500 Vgl. Khandani/Lo (2008): S.29.

166 Diese Vorgehensweise gleicht dem Tick-Test. Mit diesem Verfahren kann die Richtung eines Handels anhand von Änderungen im Handelspreis bestimmt werden. *Anhang 20* zeigt einen kurzen Überblick über Literatur, die sich mit dem Tick-Test beschäftigt und ergänzend über Literatur bezüglich alternativer Verfahren zur Bestimmung der Richtung des Handels.

167 Einige Studien, darunter die von Finucane (2000), weisen darauf hin, dass es sich bei dieser Methode um die zuverlässigste Methode zur Bestimmung, ob ein Handel vom Käufer oder Verkäufer ausgelöst wird, handelt. Eine Untersuchung der Genauigkeit des Tick-Testes kann in der folgenden Literatur nachgelesen werden:

In vorhergegangenen Forschungen wird die Konkavität des Einflusses der Handelsgröße auf die Preisanpassung belegt, [169] infolgedessen wird der natürliche Logarithmus der Handelsgröße für die bevorstehende Analyse benutzt. Letztendlich bildet der monatliche querschnittsweise Durchschnitt des zu bestimmenden Koeffizienten des Preiseinflusses ($\sum_i \hat{\lambda}_i / N$) eine aggregierte Messung der Marktliquidität.[170]

2.2.2.2 Empirische Evidenzen

Aufbauend auf dem o.e. Modell zeigt die Abbildung in *Anhang 21* die zeitliche Abfolge der beschriebenen Messung des Preiseinflusses stellvertretend für die Marktliquidität. Die Abbildung bestätigt die Ergebnisse aus dem vorherigen Kapitel, denn es wird auch hier deutlich, dass die Equity-Märkte im Vergleich zum letzten Jahrzehnt liquider geworden sind. Insbesondere in den letzten fünf Jahren ist die Marktliquidität zunehmend gestiegen.[171]

Außerdem sind besonders signifikante Anstiege des durchschnittlichen Preiseinflusses in den Zeiträumen August 1998 bis Oktober 1998, März 2000, September 2001 und August 2007, als ein Indikator für Illiquidität, zu erkennen. Die Ursachen dafür sind weltbekannte Ereignisse, nämlich die LTCM-Krise, das Platzen der Technologieblase, der Terroranschlag vom 11. September 2001 und letztendlich die zu untersuchenden Zusammenbrüche vieler Hedgefonds im August 2007. Die Ereignisse haben eine Gemeinsamkeit und zwar stellen sie allesamt Perioden voller Unsicherheit[172] über ökonomische Grundlagen und Illiquidität dar.[173]

Zusammenfassend lässt sich sagen, dass mit Hilfe zweier unterschiedlicher Methoden gezeigt wurde, dass die Assetliquidität der Märke (Marktliquidität) in den letzten Jahren stark angestiegen ist. Eine solche Entwicklung ist durchweg positiv zu bewerten, doch zeigt der signifikante Anstieg des durchschnittlichen Preiseinflusses im August 2007 auch, dass die Marktliquidität drastisch eingebrochen ist. Um diesen Einbruch näher zu beleuchten ist eine detaillierte Untersuchung des relevanten Zeitraums nötig.

Aitken/Frino (1996) untersuchen den Test im Rahmen der Australien-Stock-Exchange (ASX) und berechnen eine Genauigkeit von 74,4 Prozent. Ellis/Michaely/O'Hara (2000) wenden den Test auf Aktien an, die im NASDAQ notiert sind und berechnen eine Genauigkeit von 77,7 Prozent. Finucane (2000) berechnet eine Genauigkeit von ca. 83,5 % für beide Indexe. Vgl. Aitken/Frino (1996): S.1715, Ellis/Michaely/O'Hara (2000): S.529 und Finucane (2000): S.573f.

[168] Vgl. Khandani/Lo (2008): S.29.

[169] Vgl. Hasbrouck (1991): S.197, Dufour/Engle (2000): S.2471f. und Bouchaud/Farmer/Lillo (2008): S.91-93.

[170] Vgl. Khandani/Lo (2008): S.29.

[171] Vgl. Khandani/Lo (2008): S.31.

[172] Das Modell von Kyle (1985) ergibt eine Funktion der Marktiefe, deren Niveau des informierten Handels sinkt. Aus diesem Grund sind die zu erkennenden Ausschläge ein Indiz für erhöhte Unsicherheit. Vgl. Kyle (1985). S.1326 und Khandani/Lo (2008): S.31.

[173] Vgl. Khandani/Lo (2008): S.31.

2.3 Messung der Marktliquidität im August 2007

Nachdem die Entwicklung der Marktliquidität der letzten Jahre ausführlich beschrieben wurde, legt dieses Kapitel nun den Fokus auf die Marktliquidität des relevanten Zeitraums August 2007 und zeigt noch genauer, dass die Liquidität der Märkte drastisch gesunken ist.

2.3.1 Methodik

Ähnlich wie in dem beschreibenden Modell im Rahmen des Kapitels 2.2 kann die Marktliquidität anhand der Profite von Market-Making-Strategien bestimmt werden. Diesmal nutzen Khandani/Lo (2008) jedoch nicht die „Contrarian-Strategy“ (1) stellvertretend für die Profite der Market-Maker, sondern eine rechnerisch simplere, kurzfristige Mean-Reversion-Strategie (sog. hochfrequente „Contrarian-Strategy“)[174].[175]

Diese hochfrequente Mean-Reversion-Strategie baut – sehr ähnlich wie die „Contrarian-Strategy“ (1) – auf dem Kauf von Verlierern und dem Verkauf von Gewinnern auf. Im Rahmen dieses Modells geschieht dies jedoch in Verbindung mit verzögerten m-Minuten-Renditen, wobei m zwischen fünf und sechzig Minuten variiert. Hierbei wird jeder Handelstag in nichtüberlappende m-Minuten-Intervalle unterteilt. Für jedes dieser Intervalle wird ein Long/Short-Dollar-Neutral-Portfolio konstruiert, dessen Long-Positionen aus Aktien des niedrigsten Rendite-Dezils (während des vorherigen m-Minuten-Intervalls) und dessen Short-Positionen aus Aktien des höchsten Rendite-Dezils (während des vorherigen m-Minuten-Intervalls), bestehen.[176] Der Wert des Portfolios wird dann für die darauf folgende m-Minuten-Holding-Period berechnet. Diese Prozedur wird innerhalb eines Tages für jedes der nichtüberlappenden m-Minuten-Intervalle wiederholt.[177]

---

[174] Dieser Begriff tauch in Khandani/Lo (2008): S.36 auf.
[175] Vgl. Khandani/Lo (2008): S.32.
[176] Da die Aktien gleichgewichtet sind kann es vorkommen, dass Beziehungen zwischen den Renditen einiger Wertpapiere bestehen. Aus diesem Grund werden alle Wertpapiere mit der gleichen Rendite ignoriert, damit die Aufmerksamkeit auf ein Angebot/Nachfrage-Ungleichgewicht gerichtet werden kann. Overnight-Positionen sind nicht erlaubt. Vgl. Khandani/Lo (2008): S.32.
[177] Vgl. Khandani/Lo (2008): S.32.

2.3.2 Empirische Evidenzen

Die Ergebnisse dieser beschriebenen Prozedur werden in der Abbildung in *Anhang 22* dargestellt. Sie zeigt die kumulierten Renditen der unterschiedlichen Werte für m und zwar für $m = 5, 10, 15, 30, 60$ Minuten. Der Zeitraum erstreckt sich vom 2. Juli 2007 bis zum 28. September 2007. Für alle Werte, die m annimmt, verläuft die kumulierte Rendite zunächst flach, steigt dann ein wenig an und erfährt vom 7.August bis zum 13.August 2007 einen Niedergang, wobei jener in den folgenden Tagen wieder ausgeglichen wird.[178] Dieser Sachverhalt legt die Vermutung nahe, dass die Market-Maker ihr Risikokapital im Zeitraum vom 7. bis zum 13. August 2007 reduzierten und es erst nach den turbulenten Ereignissen, d.h. nach dem 13. August 2007, wieder erhöhten.[179]

Folgende einfache Überlegung spricht dafür: Market-Maker stellen typischerweise eine ausgleichende Kraft dar, welche einen derartigen korrelierten und liquiditätsgetriebenen Impuls inmitten einer großen Anzahl von Aktien abschwächt. Eine plötzliche Entnahme von Kapital seitens der Market-Maker, in Verbindung mit zunehmendem Preisdruck, führt zu dem gleichen Preismuster, das in der zweiten Augustwoche zu erkennen ist.[180]

Unterstützt wird diese Überlegung durch - die in Kapitel 2.2 beschriebene - Tatsache, dass in den letzten Jahren eine große Anzahl von Hedgefonds sowie Proprietary-Trading-Desks in der Praxis zu Market-Makern geworden sind. Anders als traditionelle Market-Maker wie bspw. NYSE/AMEX-Spezialisten und NASDAQ-Dealer, welche die Verpflichtung haben die Märkte zu unterstützen, indem sie mit der Öffentlichkeit handeln, haben Hedgefonds und Proprietary-Trading-Desks keinerlei Verpflichtung und können ihren Handelsverkehr jederzeit einstellen. Angesichts der erlittenen Verluste zu Beginn der zweiten Augustwoche und einer (vermutlich) unabdingbaren Reduktion des Exposures kann spekuliert werden, dass diejenigen Market-Maker, die keinerlei Verpflichtung hatten, den Markt in der zweiten Augustwoche verlassen haben.[181] Ein solcher Ausstieg aus dem Markt könnte bedeutet haben, dass der Markt cet.par. weniger bzw. überhaupt nicht mehr mit Liquidität versorgt wurde. Diese Annahme ist für den weiteren Verlauf dieser Studie von äußerst großer Relevanz.

---

[178] Bei der Betrachtung der unterschiedlichen kumulierten Renditen wird deutlich, dass bei einer Verkürzung des Zeithorizontes, d.h. für einen kleinen Wert für m, der Anstieg, aber auch die Abnahme zunimmt. Dies impliziert einen Anstieg der erwarteten Renditen. Demnach sind Mean-Reversion-Strategien mit einem kürzeren Zeithorizont eine bessere Approximation mit stimmigeren Profiten. Vgl. Khandani/Lo (2008): S.32.
[179] Vgl. Khandani/Lo (2008): S.32.
[180] Vgl. Khandani/Lo (2008): S.32f.
[181] Vgl. Khandani/Lo (2008): S.23.

Im weiteren Verlauf der Analyse werden nun die Holding-Periods variiert. Um den Einfluss einer Variation der Holding-Periods auf die Profite der Market-Maker zu untersuchen, werden verzögerte Fünf-Minuten-Renditen als Grundlage einer Mean-Reversion-Strategie genutzt. Jeder Tag wird in nichtüberlappende Fünf-Minuten-Intervalle unterteilt und die Positionen werden für m-Minuten gehalten, wobei auch hier m zwischen fünf und sechzig Minuten variiert. Nachdem dieses Verfahren für jeden Tag angewendet wurde, wird die durchschnittliche Rendite für jede Woche bzw. jede Holding-Period berechnet.[182]

Die durchschnittlichen Renditen werden in der Grafik in *Anhang 23* für den Zeitraum vom 2. Juli bis zum 28. September 2007 gezeigt. Mit Ausnahme der Renditen der zweiten Augustwoche steigt die durchschnittliche Rendite überwiegend mit länger werdenden Holding-Periods an.[183] Die Abbildung zeigt, dass der Preis für die Provision-of-Immediacy vermutlich gestiegen ist, als quantitative Faktor-Portfolios in den letzten zwei Wochen des Monats Juli 2007 ihren Leverage reduzierten bzw. liquidiert wurden. Dies bedeutete höhere Profite für Market-Making-Strategien, d.h. auch für die beschriebene Mean-Reversion-Strategie.[184,185]

Deutlich wird ebenfalls, dass die durchschnittlichen Renditen der Mean-Reversion-Strategie während der zweiten Augustwoche stark einbrechen, wobei die Verluste stärker ausfallen, je länger die Holding-Period ist. [186] Diese gezeigten Verluste bekräftigen die „Unwind-Hypothesis", in deren Rahmen ein anhaltender Liquidierungsdruck auf eine ausreichend große Menge Wertpapiere genug Preisdruck verursacht, sodass die Profitabilität der kurzfristigen Mean-Reversion-Strategie übertroffen wird, was zu negativen Renditen für alle Holding-Periods zwischen fünf und sechzig Minuten führt.[187]

Um nun zwischen der Liquidierung von Faktor-Portfolios und dem Entzug von Kapital der Market-Maker zu differenzieren zeigt die Tabelle in *Anhang 24* zum einem in Abschnitt A die Ergebnisse der Berechnung der Performance der kurzfristigen Mean-Reversion Strategie, m.a.W. die Renditen der hochfrequenten „Contrarian-Strategy" (Renditen des Intradays). Diese Berechnung basiert auf Fünf-Minuten-Renditen für Holding-Periods zwischen fünf und

---

[182] Vgl. Khandani/Lo (2008): S.34.
[183] Dieser Sachverhalt stimmt mit der Entwicklung der täglichen Strategie, welche in Kapitel 2.2.1.5 erläutert wurde und in der Abbildung in *Anhang 18* gezeigt wurde, überein.
[184] An dieser Stelle sei noch einmal vermerkt, dass die Mean-Reversion-Strategie Immediacy zur Verfügung stellt, indem sie alle fünf Minuten Verlierer kauft und Gewinner verkauft. Dementsprechend verliert diese Strategie, falls Informationsflüsse Preistrends in den Intervallen, die mit den typischen Holding-Periods der Marke-Maker übereinstimmen bzw. sie übersteigen, erzeugen. Vgl. Khandani/Lo (2008): S.34f.
[185] Vgl. Khandani/Lo (2008): S.34.
[186] Diese Sachlage stimmt mit den Aussagen von Kapitel 2.2.1.4 überein.
[187] Vgl. Khandani/Lo (2008): S.34f.

sechzig Minuten. Zum anderen werden in Abschnitt B cet.par. die Ergebnisse der Berechnung basierend auf tägliche Renditen, m.a.W. die Renditen der sog. täglichen „Contrarian-Strategy“ (Renditen von multiplen Tagen), gezeigt. Dabei bestehen die Postionen der Strategie aus den Renditen von Aktien, die zum Zeitpunkt der Konstruktion gemessen wurden. Diese Aktien werden für einen Zeitraum zwischen einem und fünf Tagen gehalten.[188]

Abschnitt A zeigt, dass die Reduzierung des Leverage, der schon vor dem 6. August 2007 begann,[189] scheinbar den Betrag des Kapitals der Market-Maker, überlastete hat und sich die Preise änderten. An dem rapiden Rückgang der simulierten Renditen am 8. August 2007 wird die Ernsthaftigkeit der Situation besonders deutlich. Der Rückgang lässt sich auf eine Reduzierung des Risikoexposures der Market-Maker, als Folge des vorhergegangenen signifikanten Verhaltens des Preises und des Handelsverkehrs, zurückführen. Mit einer Reduzierung des Exposures verringern Market-Maker jedoch auch den stabilisierenden Einfluss ihrer Handelsaktivität, was letztendlich zu einem Anstieg des Preiseinflusses der Liquidierung von Portfolios führt.[190]

Des weiteren zeigt Abschnitt B, dass diejenigen Market-Maker, welche in der Lage waren, d.h. welche genug Kapital zur Verfügung hatten, alle ihre Positionen zu halten, am 8. August 2007 eine erhebliche Rendite mit den gehaltenen Positionen erwirtschafteten. Die simulierte nichtgehebelte Rendite beträgt bezogen auf eine Holding-Period von fünf Tagen 8,2 Prozent. Am 9. August 2007 beträgt die nichtgehebelte Rendite 8,96 Prozent. Am 10. August 2007 kehrten Angebot/Nachfrage-Ungleichgewichte, vermutlich aufgrund neuen Kapitalzuflusses in den Markt, wieder zu einem normalen Niveau zurück (die simulierte tägliche „Contrarian-Strategy“ erholt sich).[191]

Betrachtet man nun bspw. ein Portfolio - aufbauend auf der täglichen „Contrarian-Strategy“ -, das für den 6. August 2007 konstruiert wird (dieses Portfolio baut somit auf historischen Aktienrenditen vom 6. August 2007 auf), lässt sich folgende simulierte Entwicklung beobachten: Am 7. August 2007 ist ein Verlust i.H.v. -1,47 Prozent zu erkennen. Dieser Verlust steigert sich am folgenden Tag auf -1,79 Prozent und beträgt am 9. August 2007 kumuliert -1,75 Prozent. Ab dem 10. August 2007 ist die o.e. „Erholung“ der täglichen „Contrarian-Strategy“ zu erkennen, denn es folgt am 10. August 2007 ein Gewinn i.H.v. 1,24 Prozent.

[188] Vgl. Khandani/Lo (2008): S.35f.
[189] Siehe dazu auch wiederholt die Abbildung in *Anhang 12*.
[190] Vgl. Khandani/Lo (2008): S.35.
[191] Vgl. Khandani/Lo (2008): S.35-37.

Letztendlich erzielt die Strategie einen kumulierten Gewinn i.H.v. 3,44 Prozent über eine gesamte Fünf-Tage-Periode.[192]

Bei Portfolios, die für den 7. und den 8. August 2007 konstruiert werden, verläuft die Renditeentwicklung ähnlich, d.h., dass die Strategie erst Verluste erleidet und dann am 10. August 2007 Gewinne erzielt. Bezogen auf die tatsächlichen Ereignisse lässt sich sagen, dass sich resultierende Preisentwicklungen wahrscheinlich wieder umgekehrt hatten und der Preis letztendlich wieder auf sein altes Niveau zurückgekehrt war. Es ist nicht erstaunlich, dass in solchen Perioden voll erheblicher Dislokation Liquidität knapp war und hoch bewertet wurde.[193,194]

Die simulierten Verluste sprechen für die Tatsache, dass ein großer Teil der Market-Maker den Markt wahrscheinlich im relevanten Zeitraum verlassen hatte, was dazu führte, dass die Marktliquidität zu diesem Zeitpunkt „austrocknete". Um eine Änderung der Marktliquidität in dem relevanten Zeitraum noch konkreter zu zeigen, kann auch hier das Modell des Preiseinflusses gemäß Gleichung (22) zugrunde gelegt werden. In diesem Fall werden jedoch das Transaktionsvolumen und die Preise genutzt.[195]

Das Diagramm in *Anhang 25* stellt den relativen Anstieg des berechneten Preiseinflusses $\hat{\lambda}_i$ - in diesem Fall basierend auf der TAQ-Datenbank – dar. Als Gleichung für den Preiseinfluss wird Gleichung (22) herangezogen. Es wird der relative Anstieg des Durchschnittes aller $\hat{\lambda}_i$ für jeden Tag und ausgehend von den Daten des 2. Juli 2007, als eine Messung der relativen Abnahme der Markttiefe, berechnet.[196,197]

Dabei benutzen die in Gleichung (22) gegebenen Spezifikationen den natürlichen Logarithmus des Dollarvolumens als einen Regressor. Daher indiziert der zu erkennende Anstieg des relativen Preisanstiegs von bspw. 1,5 - welcher am 26. Juli 2007 zum ersten Mal auftritt - einen sehr starken Anstieg der Handelskosten. Folgendes Beispiel soll dies verdeutlichen: 100 Anteile eines Bestandes werden zu einem Preis von 50 USD pro Anteil - demnach besteht ein

---

[192] Vgl. Khandani/Lo (2008): S.37.

[193] An dieser Stelle sei angemerkt, dass es sich bei den berechneten Renditen, die in der Abbildung in *Anhang 23* und in der Tabelle in *Anhang 24* dargestellt werden, um nichtgehebelte (Strategie unterliegt der Regulierung T) Renditen handelt. Wie in Kapitel 1.2.1 ausführlich beschrieben, wären die Renditen in der Realität jedoch mit einem Leverage gehebelt worden, was zu einer bedeutend höheren Volatilität und stärkeren Verlusten geführt hätte. Angenommen ein Portfolio (aufbauend auf dem Price-Momentum) wird mit einem approximierten Leverage von 8:1 gehebelt, dann verliert dieses Portfolio rund 31 Prozent seines Wertes innerhalb von zwei Tagen (8. und 9. August). Vgl. Khandani/Lo (2008): S.37.

[194] Vgl. Khandani/Lo (2008): S.37.

[195] Vgl. Khandani/Lo (2008): S.37.

[196] Für eine ausführliche Erklärung der Determinanten von Gleichung (22) siehe Kapitel 2.2.2.1.

[197] Vgl. Khandani/Lo (2008): S.37f.

Dollarvolumen von insgesamt 5000 USD - am 26. Juli 2007 gehandelt, dann hat dieses Dollarvolumen denselben Preiseinfluss wie ein Handel am 2. Juli 2007 mit einem Dollarvolumen von ca. 353.000 USD.[198]

Weitaus signifikanter ist jedoch die Entwicklung des Preiseinflusses in der zweiten Augustwoche 2007. Der enorme simulierte Anstieg belegt einen beträchtlichen Einbruch der Marktliquidität ab dem 6. August 2007. In Verbindung mit dem in der Abbildung in *Anhang 12* dargestellten Anstieg der Handelsaktivität bei Faktor-Portfolios ist zu vermuten, dass ein erheblicher Druck auf den Kapitalbestand der Market-Maker - als Folge der Liquidierung korrelierter Investmentportfolios - die wahrscheinlichste Erklärung für einen derart starken Anstieg des Preiseinflusses der Handelsaktivitäten im relevanten Zeitraum ist.[199,200]

2.4 Zwischenergebnis

Die vorangegangene Untersuchung der Marktliquidität hat in Kapitel 2.2 gezeigt, dass die Märkte in den letzten Jahren bedeutend liquider geworden sind. Dennoch kam es in der zweiten Augustwoche 2007 zu einer „Austrocknung" der Marktliquidität (siehe Kapitel 2.3). Diese „Austrocknung" hat letztendlich i.V.m. einer niedrigen Liquidität innerhalb der Hedgefonds-Strategien (siehe Kapitel 2.1) höchstwahrscheinlich dazu geführt, dass viele Hedgefonds in der zweiten Augustwoche 2007 enorme Verluste verzeichneten, da es für sie nicht mehr problemlos möglich war, ihre Positionen zu handeln. Im folgenden Kapitel 3 wird gezeigt, wie es zu einer Illiquidität kam und inwiefern eine „Austrocknung" der Liquidität zu derartigen Verlusten bei Hedgefonds führen konnte.

[198] Vgl. Khandani/Lo (2008): S.38.
[199] Das in der Abbildung in *Anhang 19* gezeigte ungewöhnlich hohe Handelsvolumen im relevanten Zeitraum unterstützt dabei die „Unwind-Hypothesis". Vgl. Khandani/Lo (2008): S.9.
[200] Vgl. Khandani/Lo (2008): S.38f.

3 Erklärungsansatz: „Contagion"

Im weiteren Verlauf der vorliegenden Analyse wird der Fokus auf die Interaktion zwischen den einzelnen Hedgefonds gelegt und gezeigt, dass eine relevante Wechselbeziehung zwischen Hedgefonds verschiedener Strategien besteht. Dabei ist es nicht verwunderlich, dass Hedgefonds, die derselben Strategie, z.B. Long/Short-Equity, folgen, zum selben Zeitpunkt schlechte Renditen aufweisen, denn sie haben in den meisten Fällen gleiche bzw. korrelierte Positionen. Sonderbar werden Verluste es erst dann, wenn Hedgefonds verschiedener Strategien zum schlechten Zeitpunkt schlechte Renditen aufweisen.[201]

Die Abbildung in *Anhang 26* zeigt die täglichen Renditen verschiedener Hedgefonds-Indizes für den relevanten Zeitraum. Zu erkennen sind schlechte Renditeentwicklungen bei verschiedenen Hedgefonds-Indizes in der zweiten Augustwoche 2007.[202] Im Bezug auf vorhergegangene Erläuterungen über die Performance der „Contrarian-Strategy" ergibt sich somit ein ähnliches Bild bei der Performance einzelner Hedgefonds-Indizes. In diesem Zusammenhang und insbesondere in Anbetracht der bereits erläuterten Sachverhalte stellt sich nun die Frage, warum bspw. ein Long/Short-Equity-Fond eine schlechte Performance aufweist während z.B. ein Distressed-Securities-Fond eine schlechte Performance erzielt, m.a.W. ob es sich lediglich um einen Zufall handelt, dass verschiedene Hedgefonds-Indizes zur selben Zeit schlechte Performances aufweisen, oder ob eine direkte Verbindung zwischen den verschiedenen Hedgefonds-Styles[203] existiert und die schlechte Performance eines Hedgefonds-Indexes auf andere überspringen kann?[204]

Khandani/Lo (2007) untersuchen die Verbindung zwischen einzelnen Hedgefonds-Strategien.[205] Auf Basis der Small-World-Netzwerke[206] schlagen sie ein Modell vor, welches den Grad der Verbindung zwischen verschiedenen Sektoren indirekt mit Hilfe der absoluten Werte der Korrelationen zwischen verschiedenen Hedgefonds-Strategien misst.[207] Die Tabelle

---

201 Vgl. Brown et al. (2009): S.162.
202 Anhand dieser Abbildung wird ebenfalls die „Erholung" am 10. August 2007 deutlich.
203 Die Style-Terminologie beschreibt als Oberbegriff den Investmentstil des zugrundeliegenden Hedgefonds, z.B. „Growth" oder „Value". Im Verlauf dieser Studie wird der Begriff mit dem Begriff Strategie gleichgesetzt.
204 Vgl. Boyson/Stahel/Stulz (2008): S.2.
205 Neben dieser Forschung sei ebenfalls die Studie von Boss et al. (2004) erwähnt. Hier werden Verbindungen innerhalb des Interbankenmarktes untersucht. Vgl. Boss et al. (2004). S.677f.
206 Nähere Erläuterungen zu dieser Theorie sind in Watts/Strogatz (1998) und Watts (1999) nachzulesen.
207 An dieser Stelle taucht jedoch wieder das Problem auf, dass es bei Hedgefonds an Transparenz mangelt, daher ist eine direkte und genaue Berechnung kaum möglich. Das vorgeschlagene Modell ist daher sehr grob und vernachlässigt diverse Faktoren Vgl. Khandani/Lo (2007): S.33 und S.38.

in *Anhang 27* stellt diese Korrelationen in einer Matrix dar.[208] Dabei zeigt die Tabelle, dass die Korrelationen zwischen verschiedenen Hedgefonds-Strategien gestiegen sind bzw. sehr viele der untersuchten Hedgefonds-Strategien Korrelationen aufweisen. Insbesondere Multi-Strategy-Fonds zeigen eine sehr starke Korrelation. Das Diagramm in *Anhang 28* verdeutlicht den Durchschnitt und den Median der absoluten Korrelationen i.V.m. einer 36-Monat-Rolling-Window-Analyse und weist auf einen kontinuierlichen Anstieg der Korrelation zwischen den Hedgefonds-Strategien hin. Insbesondere seit dem Jahr 2004 sind der Durchschnitt und der Median der Korrelationen sehr stark angestiegen. Dieser Verlauf bedeutet, dass der gesamte Hedgefonds-Sektor in den letzten Jahren starke Verknüpfungen gebildet hat und eine Interaktion zwischen den verschiedenen Hedgefonds-Strategien somit sehr wahrscheinlich geworden ist.[209] Diese Tatsache ist jedoch nicht verwunderlich, denn verschiedene Hedgefonds haben eine signifikante Gemeinsamkeit: Sie versorgen die Liquiditätsnachfrager mit Liquidität (siehe Kapitel 2.2). Diese Tatsache kann korrelierte Positionen und Profite erklären.[210]

Es ist demnach fragwürdig, ob eine „einfache" Korrelation ausreicht um die Ereignisse der zweiten Augustwoche 2007 zu erklären.[211] Vorangegangene Forschungsliteratur nutzt für die Existenz einer übermäßigen Korrelation und niedrigen Performance-Spreads zwischen Ländern, Asset-Klassen, oder Investment-Strategien, die nicht auf Korrelationen in ökonomischen Grundlagen zurückzuführen sind, den Begriff „Contagion"[212], der seinen Ursprung in der Finanzliteratur über Emerging-Markets und Währungskrisen hat.[213]

Boyson/Stahel/Stulz (2008) untersuchen inwiefern die verschiedenen Hedgefonds-Styles von einer „Contagion" betroffen sind, d.h., inwieweit schlechte Renditen bei traditionellen Asset-Klassen bzw. bei bestimmten Hedgefonds-Styles zu schlechten Renditen bei anderen Hedgefonds-Styles führen, wobei sich die schlechten Renditen nicht durch eine normale Korrelation bzw. mit Hilfe traditioneller Risikofaktoren erklären lassen.[214]

---

[208] Daten entstammen dem CS/Tremont Index. Die angezeigten Werte ergeben sich aus den Daten des Zeitraums April 1994 bis zum Dezember 2000 subtrahiert mit den Daten von Januar 2001 bis zum Juni 2007. Ein positiver Wert zeigt daher einen Anstieg der absoluten Korrelation an. Vgl. Khandani/Lo (2007):S.33.
[209] Vgl. Khandani/Lo (2007): S.33f.
[210] Vgl. Brown et al. (2009): S.162.
[211] Vgl. Boyson/Stahel/Stulz (2008): S.10.
[212] Dieser Begriff kann als „Ansteckung" übersetzt werden.
[213] Vgl. Bekaert/Campbell/Ng (2003): S.1. Eine ausführliche Diskussion über die Definition von „Contagion" ist in Dornbush/Park/Claessens (2000) nachzulesen. Neben dieser Forschung beschäftigt sich auch weitere Literatur mit der „Contagion" innerhalb des Finanzmarktes. *Anhang 29* bietet einen kurzen Überblick über diese Literatur.
[214] Vgl. Boyson/Stahel/Stulz (2008): S.2.

Die Frage nach der möglichen Existenz einer „Contagion" ist, in Anbetracht der Tatsache, dass eine „Contagion" - und die daraus resultierende niedrige Performance für eine große Anzahl betroffener Hedgefonds - für Banken bzw. Investmentbanken, die eine Verbindung zu diesen betroffenen Hedgefonds haben, gefährlich werden kann, von großer Bedeutung. Dieser Aspekt erscheint noch gravierender für den Fall, dass eine „Contagion" nicht auf den Hedgefonds-Sektor beschränkt ist, sondern den gesamten Finanzmarkt betrifft. Für den Fall, dass keine „Contagion" existiert, ist es sehr unwahrscheinlich, dass verschiedene Hedgefonds-Styles zur selben Zeit eine schlechte Performance aufweisen und der gesamte Hedgefonds-Sektor bzw. weitere Sektoren gefährdet sind. Auch für Investoren, Risikomanager und Regulierer ist die „Contagion" von großer Bedeutung, denn ihre Existenz würde bedeuten, dass lineare Messungen, z.B. eine Korrelation, nicht die Abhängigkeit von extrem schlechten Renditen erfassen können. Risikomanagement-Modelle, die auf historischen Korrelationen basieren, können somit dramatisch versagen, da sie in Perioden, in denen eine „Contagion" besteht, das Risiko unterbewerten.[215,216]

3.1 Methodik der Untersuchung

Für die Untersuchung der „Contagion" wird jeweils die monatliche Rendite des jeweiligen Hedgefonds-Indexes - ausgehend von Daten der HFR-Datenbank (Hedge-Fund-Research) - für acht verschiedene Hedgefonds-Styles, zugrunde gelegt.[217] Die verschiedenen Indizes bestehen aus acht einzelnen Strategie-Indizes[218], welche über 1600 Fonds ohne ein benötigtes Minimum an Anzahl der Assets enthalten. Es wird vorausgesetzt, dass in die Indizes nicht investiert werden kann, d.h., dass die darin enthaltenen Fonds für neue Investoren gesperrt sind. Dabei wird der Fokus auf die unteren zehn Prozent der Rendite-Datenreihe (Zehn-Prozent-Tail-Event) gelegt.[219]

[215] Studien, u.a. die von Embrechts/McNeil/Straumann (2002) haben gezeigt, dass die Renditen von Hedgefonds keiner normalen Distribution folgen und dass sie nicht gleichbleibend mit bestimmten Risikofaktoren korrelieren. Unter solchen Umständen ist die Korrelation eine schlechte Messung der Abhängigkeit. Vgl. Embrechts/McNeil/Straumann (2002): S.221.

[216] Vgl. Boyson/Stahel/Stulz (2008): S.2f.

[217] Die Daten erstrecken sich von Januar 1990 bis zum August 2007 und enthalten insgesamt 212 Beobachtungen. Relevante Abgaben sind bei den Renditen bereits abgezogen worden. Die betrachteten Indizes enthalten sowohl inländische, als auch ausländische Fonds. Vgl. Boyson/Stahel/Stulz (2008): S.8.

[218] Diese sind im einzelnen Convertible-Arbitrage, Distressed-Securities, Equity-Hedge, Equity-Market-Neutral, Event-Driven, Global-Macro, Merger-Arbitrage und Relative-Value-Arbitrage. Vgl. Boyson/Stahel/Stulz (2008): S.8.

[219] Vgl. Boyson/Stahel/Stulz (2008): S.4 und S.8.

Zur Berechnung der „Contagion“ wird mit Hilfe einer Logit-Regression[220] abgeschätzt,[221] inwiefern eine Verbindung zwischen der Wahrscheinlichkeit, dass ein Tail-Event in einem bestimmten Hedgefonds-Style auftritt und der Wahrscheinlichkeit, dass ein Tail-Event in einem anderen, unabhängigen Hedgefonds-Style auftritt sowie der Wahrscheinlichkeit, dass die Indizes der Primärmärkte[222] geringe Renditen aufweisen, besteht.[223]

Für die Untersuchung einer eventuellen Korrelation und deren Einfluss auf die o.e. Wahrscheinlichkeiten, werden neben bestimmten Kontrollvariablen die Renditen der Primärmärkte und der verschiedenen Hedgefonds-Styles als unabhängige Variablen genutzt. Für die Berechnung einer „Contagion“ in den Primärmärkten werden festgelegte Markt-Indikator-Variablen[224] genutzt und für die Berechnung einer „Contagion“ im Hedgefonds-Sektor die sog. COUNT-Variable herangezogen. Diese aggregierte Indikator-Variable nimmt einen Wert zwischen null und sieben an und ist definiert als die Anzahl weiterer Hedgefonds-Styles, die einen negativen Tail-Event in einem bestimmten Monat aufweisen. Ein Wert für die COUNT-Variable von bspw. null bedeutet, dass keiner der anderen Indizes eine signifikant schlechte Rendite in dem entsprechenden Monat aufweist, ein Wert von eins, dass lediglich ein weiterer Index eine signifikant schlechte Rendite aufweist etc.. Bei der Interpretation der Ergebnisse der kommenden Untersuchung würde ein hoher bzw. signifikanter Wert für die Indikator-Variablen und COUNT-Variable die Existenz einer „Contagion“ anzeigen.[225]

Die Tabelle in *Anhang 30* stellt eine zusammenfassende Statistik und die Korrelationen von verschiedenen Hedgefonds-Indizes und der Primärmärkte, basierend auf dem beschriebenen Aufbau, dar. Die zweite Hälfte von Abschnitt 1 zeigt ausnahmslos sehr hohe positive Korrelationen bei allen acht Hedgefonds-Indizes. Außerdem wird ebenfalls eine hohe positive Korrelation bei den Aktienmärkten (Russel 3000) angezeigt. Auf der anderen Seite weist die Tabelle lediglich ein leicht positive und statistisch unbedeutende Korrelationen bei den Fixed-

---

220 Nähere Erläuterungen zur Logit-Regression sind in Hosmer/Lerneshow (2000) nachzulesen.

221 In vorangegangener Forschung, u.a. in der von Eichengreen/Rose/Wyplosz (1996) und Bae/Karolyi/Stulz (2000) wird ebenfalls eine Logit-Regression genutzt, um die „Contagion“ zu untersuchen. Vgl. Eichengreen/Rose/Wyplosz (1996): S.474-479 und Bae/Karolyi/Stulz (2000): S.28-31.

222 Zu den Primärmärkten zählen die Aktienmärkte, Währungsmärkte und Fixed-Income-Märkte (Märkte für festverzinsliche Wertpapiere). Vgl. Boyson/Stahel/Stulz (2008): S.8.

223 Vgl. Boyson/Stahel/Stulz (2008): S.4.

224 Der Index Russell 3000 wird als ein Vertreter für die Renditen der Aktienmärkte benutzt und die Rentabilität des Lehman-Brother-Bond Index (LB-Bond Index) wird vertretend für die Renditen der Fixed-Income-Märkte herangezogen. Außerdem repräsentiert die Änderung des handelsgewichteten US-Dollar-Exchange Index (herausgegeben vom Board-of-Governors-of-the-US-Federal-Reserve-System) (FRB-Dollar Index) die Rendite der Währungsmärkte. Vgl. Boyson/Stahel/Stulz (2008): S.8f.

225 Vgl. Boyson/Stahel/Stulz (2008): S.4 und S.12.

Income-Märkten (Ertrag des LB-Bond Index) und eine sehr geringe bzw. negative Korrelation bei den Währungsmärkten (FRB-Dollar Index) auf.[226]

Abschnitt 2 der Tabelle zeigt mit Hilfe eines Ljung-Box-Testes[227], dass sechs von den acht Hedgefonds-Indizes eine Autokorrelation aufweisen.[228] Abschnitt 3 der Tabelle verdeutlicht mit Hilfe eines Normalitätstestes[229], dass bei sieben der acht Hedgefonds-Indizes eine Autokorrelation vorhanden ist.[230]

Da die Renditen der Hedgefonds eine Autokorrelation aufweisen, werden sie - ebenso wie alle weiteren Variablen, die im Verlauf dieser Untersuchung genutzt werden - standardisiert. Zu diesem Zweck wird ein AR-GARCH-Model (Autoregressive-Generalized-Autoregressive-Conditional-Heteroscedasticity) genutzt, um die Autokorrelation sowie die Clusterbildung der Volatilität zu überwachen bzw. zu filtern.[231,232]

Die gezeigten hohen Korrelationen zwischen den verschiedenen Hedgefonds-Indizes sowie zwischen den Hedgefonds-Indizes und den Indizes der Primärmärkte machen deutlich, wie wichtig eine Überwachung bzw. Filterung der Korrelation für die folgenden Analysen der „Contagion" ist. Es muss sichergestellt werden, dass es sich bei der getesteten „Contagion" nicht um eine konventionelle Korrelation handelt, denn ausgehend von der Definition der „Contagion" aus Kapitel 3 repräsentiert eine normale Korrelation keine „Contagion".[233]

---

[226] Vgl. Boyson/Stahel/Stulz (2008): S.9.
[227] Eine Erläuterung zu diesem Verfahren ist in Ljung/Box (1978) nachzulesen.
[228] Dieses Ergebnis stimmt grundsätzlich mit den Ergebnissen von vorangegangen Forschungen, u.a. mit der von Getmansky/Lo/Makarov (2004), überein. Vgl. Getmansky/Lo/Makarov (2004): S.587-590.
[229] Eine detaillierte Beschreibung zum Normalitätstest ist in Filliben (1975): S.116f. nachzulesen.
[230] Vgl. Boyson/Stahel/Stulz (2008): S.9.
[231] Ein Ljung-Box-Test hat gezeigt, dass ein AR(1)-GARCH(1,1)-Prozess zu diesem Zweck ausreicht. Einzige Ausnahme ist der Equity-Market-Neutral-Style, bei dem alternativ ein ARMA(2,2)-GARCH(1,1)-Prozess genutzt wird. Diese Methode zur Filterung einer Zeitreihe mit einem GARCH-Prozess wir in der Risikomanagement-Literatur zur Anwendung bei der Extreme-Value-Theory (EVT) für finanztechnische Zeitreihen vorgeschlagen. Bspw. empfehlen McNeil/Frey/Embrechts (2005) die Nutzung eines GARCH-Modells, bei dem bestimmte Überwachungen keine Cluster bilden, um eine Zeitreihe zu untersuchen. Die angewendete Filterung der vorliegenden Zeitreihen mit einem AR-GARCH-Prozess beseitigt die Clusterbildung von außergewöhnlichen Ereignissen, welche durch Perioden mit einer erhöhten Volatilität entstanden ist. Vgl. Boyson/Stahel/Stulz (2008): S.9.
[232] Vgl. Boyson/Stahel/Stulz (2008): S.9.
[233] Vgl. Boyson/Stahel/Stulz (2008): S.9f.

3.2 Empirische Untersuchung der „Contagion“ und ihrer ökonomischen Bedeutung

Im Rahmen einer umfangreichen Untersuchung der „Contagion“ wird in diesem Kapitel zum einem die „Contagion“ innerhalb der einzelnen Hedgefonds-Indizes untersucht und zum anderen wird die „Contagion“ zwischen den Hedgefonds-Indizes und den Indizes der Primärmärkte untersucht. Zu diesem Zweck wird die Tabelle in *Anhang 31* herangezogen. Sie zeigt die erwähnten Markt-Indikator-Variablen sowie die COUNT-Variable. Zusätzlich werden fortlaufende Variablen und die Renditen der jeweils sieben anderen Hedgefonds-Indizes als ein gleichgewichteter Index dieser Indizes gezeigt und die R^2_{max}-Variable[234] dargestellt. Die fortlaufenden Variablen sowie der Koeffizient des gleichgewichtigen Hedgefonds-Indexes sind nicht signifikant.[235]

Die Untersuchung der Markt-Indikator-Variablen zeigt Folgendes: Von den 24 Variablen sind 15 negativ, wobei lediglich drei von ihnen statistisch signifikant sind. Neun sind positiv, wobei hier statistisch gesehen wiederum lediglich drei von den neun signifikant sind. Dieses Resultat zeigt, dass keine systematische „Contagion“ zwischen den Primärmärkten und Hedgefonds existiert.[236,237]

Im Gegensatz dazu zeigt die Untersuchung der COUNT-Variable, dass von den acht Koeffizienten sieben positiv sind, wobei von diesen sieben wiederum sechs Koeffizienten statistisch signifikant sind (bei einem Wahrscheinlichkeitsniveau von mindestens zehn Prozent). Dieses Resultat stellt eine sehr starke Evidenz einer „Contagion“ innerhalb des Hedgefonds-Sektors dar.[238]

---

[234] Diese Variable ist der skalierte Koeffizient der Ermittlung. Vgl. Nagelkerke (1991). S.691f.
[235] Vgl. Boyson/Stahel/Stulz (2008): S.12.
[236] Im späteren Verlauf der Studie von Boyson/Stahel/Stulz (2008) wird mit Hilfe eine Logit-Regression gezeigt, dass eine starke Verbindung zwischen der Hedgefonds-„Contagion“ und den Währungsmärkten besteht. Vgl. Boyson/Stahel/Stulz (2008): S.24-26. Diese Verbindung kann dadurch erklärt werden, dass sich Hedgefonds Währungen zu einem niedrigen Zinssatz leihen können (Carry-Trades als Finanzierungsmechanismus der Hedgefonds). Vgl. Plantin/Shin (2008): S.2 und S.29.
[237] Vgl. Boyson/Stahel/Stulz (2008): S.12f.
[238] Vgl. Boyson/Stahel/Stulz (2008): S.13.

3.2.1 Überwachung einer Nichtlinearität

Seit der Forschung von Fung/Hsieh (1997) ist bekannt, dass Hedgefonds auf Strategien mit einem nichtlinearen Payoff aufbauen.[239] Aus diesem Grund könnte es sein, dass diese Strategien die extremen Renditen der verschiedenen Hedgefonds-Styles erklären. In einem solchen Fall ließe sich die nachgewiesene „Contagion" durch die Tatsache erklären, dass die genutzten Strategien korrelierte Payoffs aufweisen, falls zugrunde liegende Assets extreme Renditen verzeichnen.[240]

Für eine Überwachung dieser Nichtlinearität kann die Forschung von Fung/Hsieh (2001 und 2004) herangezogen werden. Ergänzend wird auch nach weiteren Risikofaktoren gesucht. Zu diesem Zweck werden auf Assets basierende Faktoren, welche dazu bestimmt sind die Renditen einer bestimmten Hedgefonds-Strategie nachzubilden, herangezogen. Dabei stammen fünf dieser Faktoren aus der Studie von Fung/Hsieh (2001), wobei diese Faktoren als Primitive-Trend-Following-Strategie (PFTS)[241], oder als Lookback-Straddles[242] modelliert sind. Weitere drei Faktoren werden von Fung/Hsieh (2004) vorgeschlagen: Ein Size-Spread-Faktor, der als die Differenz zwischen dem Wilshire-Small-Cap-1750 Index und dem Wilshire-Large-Cap-750 Index errechnet wird, und ein Bond-Faktor, der als Änderung der Fristigkeit der Zehn-Jahres-Treasury-Konstante, berechnet wird. Der letzte Faktor ist ein Credit-Spread-Faktor, der als Änderung der monatlichen Spanne eines Moody's-Baa-Ratings, abzüglich der Fristigkeit der Zehn-Jahres-Treasury-Konstante, berechnet wird.[243] Zudem werden die Rendite des Drei-Monats-Treasury und der negative Anteil der Rendite des S&P Indexes als Annäherung für eine Put-Option integriert.[244] Desweiteren ist es sehr wahrscheinlich, dass eine Verbindung zwischen der Volatilität der Primärmarkt-Indizes und hohen Renditen bei den abhängigen Variablen besteht. Aus diesem Grund wird zusätzlich eine Messung der monatlichen Volatilität, die aus dem univariatem GARCH-Modell (Generalized-

[239] Vgl. Boyson/Stahel/Stulz (2008): S.13. Siehe dazu auch Fung/Hsieh (1997, 1999, 2001 und 2004) und Mitchell/Pulvino (2001).
[240] Vgl. Boyson/Stahel/Stulz (2008): S.13.
[241] Der genaue (mathematische) Aufbau dieser Strategie wird in Fung/Hsieh (2001): S.317-320 näher erläutert.
[242] Bei einer solchen Lookback-Strategie wird angenommen, dass ein Investor eine Lookback-Call-Option und eine Lookback-Put-Option besitzt. Dabei erhält der Investor durch die Lookback-Call-Option die Möglichkeit, ein Asset zu dem niedrigsten Preis, den es während der Laufzeit der Option annimmt, zu kaufen. Analog dazu erhält ein Investor durch die Lookback-Call-Option das Recht, ein Asset zu dem höchsten Preis, den es während der Lebensdauer der Option annimmt, zu verkaufen. Die Kombination dieser beiden Optionen stellt dann die Lookback-Straddles dar, welche für Anleihen, Währungen, Commodities, kurzfristige Zinssätze sowie für Aktien konstruiert werden können. Vgl. Fung/Hsieh (2001): S.316.
[243] Vgl. Fung/Hsieh (2004): S.72 und Boyson/Stahel/Stulz (2008): S.13.
[244] Dieses Verfahren basiert auf der Forschung von Agarwal/Naik (2004). Vgl. dazu Agarwal/Naik (2004): S.70.

Autoregressive-Conditional-Heteroscedasticity) (siehe Tabelle in *Anhang 31*) entnommen wird, beigefügt.[245]

Der nächste Schritt bei der Untersuchung der Nichtlinearität ist die Erweiterung der Regression (siehe *Anhang 31*) mit den genannten Faktoren. Hierbei taucht jedoch folgendes Problem auf: Es kann vorkommen, dass sich diese Regression, aufgrund einer Quasi-Separabilität nicht angleichen kann.[246] Aus diesem Grund werden die hinzugefügten Faktoren mit Hilfe einer stufenweisen Annäherung für jede Regression der acht verschiedenen Styles geprüft. Begonnen wird mit einem Nullstellen-Modell, welches lediglich die konstanten Terme enthält. Ausgehend davon wir ein sukzessives Modell erstellt, in dem immer ein Regressor mehr als im vorherigen Modell benutzt wird. Die potentiellen Regressoren werden aus einer Aufzählung aller explanativen Variablen, mit Ausnahme der COUNT-Variable, ausgewählt, indem jeder potentielle Regressor separat für das aktuelle Modell getestet wird. Dabei wird derjenige Regressor mit dem größten Einfluss in das Modell einbezogen.[247] Nachdem der neue Regressor hinzugefügt wurde, wird die statistische Signifikanz jeder explanativen Variable des gegenwärtigen Modells mit Hilfe eines Wald-Hypothesentestes[248] bewertet. Für den Fall, dass eine Variable im Rahmen des Testes nicht die signifikante Schwelle von $p = 0,2$ erreicht, wird die Variable aus dem Modell entfernt. Diese Prozedur wird so lange wiederholt, bis alle im Modell verbleibenden explanativen Variablen im Rahmen des Wald-Testes mindestens ein ausreichendes Niveau von $p = 0,2$ aufweisen. Diese Methode führt dazu, dass eine Quasi-Separation ausgeschlossen wird, da die Methode mit einem Nullstellen-Modell beginnt.[249]

Nachdem das passende Modell für jeden Style identifiziert wurde, wird die COUNT-Variable einbezogen. Dadurch, dass sich die explanativen Variablen, aufgrund der Durchführung der

---

[245] Vgl. Boyson/Stahel/Stulz (2008): S.13f.

[246] Das Problem der Quasi-Separabilität ist bei der Anwendung von Modellen mit diskreten abhängigen Variablen geläufig und ist bei der Nutzung von explanativen Variablen sehr wahrscheinlich. Dies gilt insbesondere für Stichproben, die in Relation zu der Anzahl explanativer Variablen klein sind. Das eigentliche Problem ist, dass das Auftauchen einer Quasi-Separabilität bedeutet, dass die Schätzung der maximalen Wahrscheinlichkeit nichteindeutige unendliche Parameter mit einer unbegrenzten Verteilungs-Matrix ergibt. Dabei entsteht eine Quasi-Separabilität dann, wenn ein Parameter-Vektor in dem Modell der Logit-Regression auftaucht. Vgl. Albert/Anderson (1984): S.8 und Boyson/Stahel/Stulz (2008): S.14. Eine detaillierte Darstellung der Quasi-Separabilität ist in Albert/Anderson (1984) nachzulesen.

[247] Die Bestimmung des Preiseinflusses erfolgt mit dem Lagrange-Multiplikator-Test. Vgl. Boyson/Stahel/Stulz (2008): S.14.

[248] Eine nähere Erläuterung zu diesem Verfahren ist in Wald (1943) nachzulesen.

[249] Vgl. Boyson/Stahel/Stulz (2008): S.14f.

beschriebenen Methode, für jeden der acht Hedgefonds-Indizes unterscheiden, kann nach der Einbindung der COUNT-Variable nun die „Contagion" untersucht werden.[250,251]

3.2.2 Empirische Evidenzen

Die Tabelle in *Anhang 32* stellt die Erweiterung der Regression mit den - im vorherigen Kapitel genannten - Faktoren dar. Trotz Integration der Kontroll-Variablen sind diesmal sogar alle acht COUNT-Variablen positiv, wobei fünf von ihnen statistisch signifikant sind. Im Bezug auf die Primärmärkte lässt sich keine bedeutende Veränderung beobachten. Demnach wird bestätigt, dass sich zwar keine „Contagion" zwischen den Primärmärkten nachweisen lässt, jedoch eine starke „Contagion" zwischen den einzelnen Hedgefonds-Styles existiert.[252]

Nachdem nun empirische Evidenzen für eine „Contagion" zwischen den einzelnen Hedgefonds-Styles angeführt wurden, stellt sich die Frage nach der ökonomischen Bedeutung dieser „Contagion". Eine „Contagion" bedeutet hier, dass eine Verbindung zwischen geringen durchschnittlichen Renditen verschiedener Hedgefonds-Styles besteht. Um diese Tatsache empirisch zu zeigen, wird die Abweichung der durchschnittlichen Rendite jedes einzelnen Hedgefonds-Styles berechnet. Diese Abweichung ergibt sich durch den Vergleich zweier Fälle: Der Fall, dass jeder der anderen Styles sehr stark negative Renditen aufweist, wird mit dem Fall, dass keiner der anderen Styles extreme Renditen aufweist, verglichen. Die berechnete Abweichung schwankt zwischen -1,8 Prozent und 7,15 Prozent.[253]

Nun wird die durchschnittliche Wahrscheinlichkeit (bzw. der Median der Wahrscheinlichkeit), dass ein Style-Index ein Zehn-Prozent-Tail-Event aufweist, berechnet. Zu diesem Zweck werden die Berechnungen, die in der Tabelle in *Anhang 32* dargestellt werden, verwendet. Außerdem wird angenommen, dass alle explanativen Variablen, mit Ausnahme der COUNT-Variable, ihren jeweiligen Mittelwert annehmen. Für dieses Verfahren ergibt sich, dass die

---

[250] Eine spätere Forschung von Boyson/Stahel/Stulz (forthcoming) stellt das Ergebnis einer nahezu analogen Filterung noch detaillierter dar. Es wird gezeigt, dass die Korrelation zwischen den einzelnen Hedgefonds-Styles und die Korrelation zwischen Hedgefonds-Styles und dem Russel 3000 Index nach einer Filterung ausreichend stark sinkt. Die Autokorrelation sinkt ebenfalls signifikant stark. Vgl. Boyson/Stahel/Stulz (forthcoming): S.9. Aufgrund der Filterung ist nun gewiss, dass der Anstieg der COUNT-Variable einen Anstieg der „Contagion" anzeigt und nicht auf eine einfache Korrelation zurückzuführen ist.
[251] Vgl. Boyson/Stahel/Stulz (2008): S.15.
[252] Vgl. Boyson/Stahel/Stulz (2008): S.15.
[253] Vgl. Boyson/Stahel/Stulz (2008): S.15.

Wahrscheinlichkeit eines Zehn-Prozent-Tail-Events von 1,77 Prozent auf enorme 20,9 Prozent steigt, falls die COUNT-Variable von dem Wert Null auf den Wert Sieben steigt.[254]

Dieses Ergebnis wird in dem Diagramm in *Anhang 33* für jeden Index grafisch dargestellt. Zu erkennen ist der deutliche Anstieg der Wahrscheinlichkeit einer „Contagion" bei jedem Hedgefonds-Style. Besonders dramatische Anstiege sind bei den Strategien Distressed-Securities, Equity-Hedge, Equity-Market-Neutral und Global-Macro zu erkennen. Die zu erkennenden Anstiege der Strategien Convertible-Arbitrage, Event-Driven, Merger-Arbitrage und Relative-Value fallen jedoch bei weitem geringer aus.[255]

Demzufolge stellt die „Contagion" eine plausible Erklärung für niedrige Renditen verschiedener Hedgefonds-Styles dar. Das Diagramm in *Anhang 34* zeigt grafisch den Wert der COUNT-Variable im Zeitraum vom März 1990 bis zum relevanten Monat August 2007. Neben einem enorm hohen Wert während der LTCM-Krise lässt sich ebenfalls ein hoher Wert im relevanten Zeitraum beobachten, denn im Monat August 2007 nimmt die COUNT-Variable einen Wert von sechs an, d.h., dass in diesem Monat sechs von den acht untersuchten Hedgefonds-Styles schlechte Renditen aufweisen, was die Existenz einer „Contagion" in dem Monat August 2007 belegt.

3.3 „Contagion"-Kanal: Liquidity-Spirals

Nachdem im vorherigen Kapitel die Existenz einer „Contagion" nachgewiesen wurde, m.a.W. eine Verbindung zwischen den schlechten Renditen eines bestimmten Hedgefonds-Styles und den Renditen anderer Hedgefonds-Styles gefunden wurde, stellt sich nun folgende Frage: Wie bzw. über welchen Mechanismus können die schlechten Renditen eines Hedgefonds-Styles andere, unabhängige Hedgefonds-Styles derartig beeinflussen?[256]

Wie bereits in Kapitel 2 erläutert, nimmt die Assetliquidität eine wichtige Rolle bei einer möglichen Erklärung der schlechten Renditen der Hedgefonds ein. Deshalb sollte intuitiv die Assetliquidität als eine mögliche Erklärung der vorliegenden „Contagion" herangezogen bzw. untersucht werden.[257] Zudem spielt auch die Finanzierungsliquidität eine entscheidende Rolle.

[254] Vgl. Boyson/Stahel/Stulz (2008): S.5 und S.15.
[255] Vgl. Boyson/Stahel/Stulz (2008): S.15f.
[256] Vgl. Boyson/Stahel/Stulz (2008): S.16.
[257] Assetliquidität kann einen Kanal der „Contagion" darstellen. Wie in Kapital 2.2 ausführlich beschrieben versorgen Hedgefonds den Markt mit Liquidität. Wenn nun ein Hedgefonds eine schlechte Performance aufweist, führt dies zu einem Entzug von Liquidität, was wiederrum dazu führt, dass andere Hedgefonds ihre gehaltenen

Im weiteren Verlauf wird daher erläutert, inwiefern eine Verbindung zwischen der Asset- und Finanzierungsliquidität sowie der „Contagion“ besteht. In diesem Zusammenhang ist insbesondere die Interaktion zwischen der Assetliquidität und der Finanzierungsliquidität der Marktakteure von zentraler Bedeutung. Im Rahmen des Modells der sog. Liquidity-Spirals von Brunnermeier/Pedersen (2009) wird diese Interaktion analysiert.

3.3.1 Grundmodell

Angenommen eine Volkswirtschaft verfügt über eine Anzahl J risikobehafteter Assets, die zu dem Zeitpunkt $t = 0,1,2,3$ gehandelt werden. Zum Zeitpunkt $t = 3$ erwirtschaftet jedes Wertpapier j eine Auszahlung v^j. Es ist kein aggregiertes Risiko vorhanden und der risikofreie Zins ist auf den Wertebereich Null normalisiert, damit der Fundamentalwert jeder Aktie dem bedingten Erwartungswert seines letzten Payoffs entspricht, d.h., damit $v_t^j = E_t[v^j]$gilt. Dabei weist die Volatilität des Fundamentalwertes eine ARCH-Struktur (Autoregressive-Conditional-Heteroscedasticity) auf. v_t^j ergibt sich folgendermaßen:[258]

$$v_{t+1}^j = v_t^j + \Delta v_{t+1}^j = v_t^j + \sigma_{t+1}^j \varepsilon_{t+1}^j \quad (23)$$

Dabei sind alle ε_{t+1}^j über die gesamte Zeit und bei allen Assets mit einer kumulativen Standardnormalverteilung ϕ unabhängig identisch verteilt. Die Volatilität σ_t^j weist folgende Dynamik auf:[259]

$$\sigma_{t+1}^j = \underline{\sigma}^j + \theta^j |\Delta v_t^j| \quad (24)$$

Es gilt$\underline{\sigma}^j, \theta^j \geq 0$. Ein positiver Wert für θ^j impliziert, dass Schocks auf die Fundamentalwerte die zukünftige Volatilität ansteigen lassen.[260]

Im Modell existieren drei Gruppen von Marktakteuren, namentlich mit Assets handelnde Auftraggeber und Spekulanten sowie Kapitalgeber, welche die Positionen der Spekulanten finanzieren. Dabei besteht die Gruppe der Auftraggeber aus drei Risikoaversen Agenten $k =$ ten $k = 0,1,2$. Jeder Auftraggeber besitzt zum Zeitpunkt $t = 0$ eine Anzahl W_0^k Anleihen und keine Aktien. Desweiteren weiß jeder von ihnen, dass sie zum Zeitpunkt $t = 3$ einen Ausstat-

Positionen reduzieren müssen und Mark-to-Market-Verluste aufgrund von Preisdruck erleiden. Vgl. Boyson/Stahel/Stulz (2008): S.19.

[258] Vgl. Brunnermeier/Pedersen (2009): S.2208.

[259] Vgl. Brunnermeier/Pedersen (2009): S.2208.

[260] Vgl. Brunnermeier/Pedersen (2009): S.2208.

tungsschock von $\mathbf{z}^k = \{z^{1,k}, \ldots, z^{J,k}\}$ Aktien erfahren, wobei $\boldsymbol{z}$ eine zufällige Variable ist. Dabei nimmt $\boldsymbol{z}$ einen solchen Wert an, bei dem der aggregierte Ausstattungsschock gleich Null ist, d.h., bei dem $\sum_{k=0}^{2} z^{j,k} = 0$ gilt.[261]

Das grundlegende Liquiditätsproblem entsteht dabei folgendermaßen: Es kann vorkommen, dass die Auftraggeber den Markt sequentiell betreten, woraus Ungleichgewichte in der Reihenfolge resultieren. Dabei tritt jeder Auftraggeber k mit einer Wahrscheinlichkeit a einzeln zum Zeitpunkt $t = k$ in den Markt ein.[262] Die Nachfrage des Auftraggebers beträgt vor dem Markteintritt $\boldsymbol{y}_t^k = 0$. Nachdem er den Markt betreten hat, setzt er in jeder Periode seine Wertpapierpositionen derartig, dass seine exponentielle Nutzenfunktion $U(W_3^k) = -\exp\{\gamma W_3^k\}$ über das Endvermögen maximiert wird. Das Vermögen W_t^k, einschließlich des Wertes des antizipierten Ausstattungsschocks $\mathbf{z}^k$, entwickelt sich folgendermaßen:[263]

$$W_{t+1}^k = W_t^k + (\mathbf{p}_{t+1} - \mathbf{p}_t)'(\mathbf{y}_t^k + \mathbf{z}^k) \quad (25)$$

Der Vektor des gesamten Nachfrageschocks der Auftraggeber, die in den Markt zum Zeitpunkt t eintreten, wird durch $Z_t := \sum_{k=0}^{t} \mathbf{z}^k$ ausgedrückt.[264]

Das Bedürfnis der früh in den Markt eingetretenen Auftraggeber nach Handel wird durch risikoneutrale Spekulanten, die ihr erwartetes Endvermögen W_3 maximieren, befriedigt. Diese Spekulanten versorgen den Markt mit Liquidität bzw. mit Immediacy und unterliegen der Beschränkung, dass der Gesamtwert ihrer Margins bezüglich ihrer Positionen $\mathbf{x}^t$ nicht ihr Vermögen W_t übersteigen darf. Demnach folgt: [265]

$$\sum_j \left(x_t^{j+} m_t^{j+} + x_t^{j-} m_t^{j-}\right) \leq W_t \quad (26)$$

Dabei sind $x_t^{j+} \geq 0$ und $x_t^{j-} \geq 0$ der positive bzw. negative Teil von $x_t^j = x_t^{j+} - x_t^{j-}$. Außerdem sind $m_t^{j+} \geq 0$ und $m_t^{j-} \geq 0$ die US-Dollar-Beträge der Margins für Long- und Short-Positionen.[266] Die Spekulanten sind anfänglich mit einer Liquiditätslage W_0 ausgestattet und

[261] Vgl. Brunnermeier/Pedersen (2009): S.2208.
[262] Im Gegensatz dazu treten die Auftraggeber mit einer Wahrscheinlichkeit $(1 - a)$ gleichzeitig zum Zeitpunkt $t = 0$ in den Markt ein. In diesem Fall können sie in jeder Zeitperiode $t = 0,1,2$ Wertpapiere handeln. Vgl. Brunnermeier/Pedersen (2009): S.2208.
[263] Vgl. Brunnermeier/Pedersen (2009): S.2208.
[264] Vgl. Brunnermeier/Pedersen (2009): S.2208.
[265] Vgl. Brunnermeier/Pedersen (2009): S.2209.
[266] Ein zentraler Punkt dieses Modells sind Kapitalbeschränkungen für Liquiditätsversorger. In diesem Zusammenhang werden Anforderungen an die Finanzausstattung u.a. für Hedgefonds und Proprietary-Trading-Desks erläutert. Diese Erläuterungen sind in Brunnermeier/Pedersen (2009): S.2228-2232 nachzulesen.

besitzen anfänglich keine Aktien. Die Entwicklung ihres Vermögens lässt sich folgendermaßen darstellen:[267]

$$W_t = W_{t-1} + (\mathbf{p}_t - \mathbf{p}_{t-1})'\mathbf{x}_{t-1} + \eta_t \quad (27)$$

Dabei stellt η_t einen unabhängigen Vermögensschock dar. Wenn ein Spekulant nun sein ganzes Vermögen verliert, d.h. wenn $W_t < 0$ gilt, dann kann er aufgrund der Marginbedingung (26) nicht weiter investieren und muss $x_t = 0$ wählen. Sein Nutzen ist in diesem Fall $\varphi_t W_t$, mit $\varphi_t \geq 0$. Ein Wert für $\varphi_t > 0$ entspricht den proportionalen Kosten einer Zahlungsunfähigkeit, z.B. Opportunitätskosten, monetären Kosten oder Kosten in Bezug auf die Reputation. Ein Wert für $\varphi_t = 0$ entspricht einer eingeschränkten Verbindlichkeit. Im weiteren Verlauf wird der Fall, dass $\varphi_2 = 1$ gilt (negative Aufzehrung, die mit einem US-Dollarverlust in $t = 2$ gleichwertig ist), näher betrachtet.[268,269,270]

Damit das Counterparty-Credit-Risk begrenzt wird, legen die Kapitalgeber eine Margin fest, welche groß genug sein muss, um den Value-at-Risk (VaR) π[271] der Positionen abzudecken:[272]

$$\pi = \Pr\left(-\Delta p_{t+1}^{j} > m_t^{j+} \middle| \mathcal{F}_t\right) \quad (28a)$$

$$\pi = \Pr\left(\Delta p_{t+1}^{j} > m_t^{j-} \middle| \mathcal{F}_t\right) \quad (28b)$$

Der Ausdruck (28a) besagt, dass die Margin einer Long-Position (m^+) so gesetzt wird, dass folgende Prämissen gelten: Der Preis fällt mit einer geringen Wahrscheinlichkeit π stärker als die Margin einer Long-Position. Analog dazu besagt Ausdruck (28b), dass es nur mit einer geringen Wahrscheinlichkeit π dazu kommt, dass der Preis stärker ansteigt als die Margin einer Short-Position(m^-). Dabei hängt die Höhe der Margins von der vorhandenen Informa-

[267] Vgl. Brunnermeier/Pedersen (2009): S.2209.

[268] Der Verlauf bezüglich φ_1 kann in Brunnermeier/Pedersen (2009): S.2223-2226 nachgelesen werden.

[269] Im Rahmen dieses Modells könnte ebenfalls angenommen werden, dass die Spekulanten im relevanten Zeitraum neues Kapital einbringen dürfen. Aus diesem Grund gleicht das vorliegende Modell auch dem Modell des Slow-Moving-Capitals von Mitchell/Pedersen/Pulvino (2007), mit dem sich der Kapitalverlust von spezialisierten Arbitragehändlern untersuchen lässt. Ein Ergebnis dieser Studie ist die Tatsache, dass die Arbitragehändler letztendlich selbst zu Liquiditätsnachfragern und nicht zu Liquiditätsanbietern werden. Vgl. Mitchell/Pedersen/Pulvino (2007): S.10 und Brunnermeier/Pedersen (2009): S.2209.

[270] Vgl. Brunnermeier/Pedersen (2009): S.2209.

[271] Dabei nimmt π einen positiven, sehr kleinen Wert nahe Null an (z.B. einen Wert von einem Prozent). Vgl. Brunnermeier/Pedersen (2009): S.2209. Lo (1999) weist darauf hin, dass der VaR für ein effektives Risikomanagement bei Hedgefonds unzureichend ist und schlägt die Kombination mit zwei weiteren relevanten Faktoren, namentlich dem Preis und der Präferenz vor. In der darauf folgenden Forschung Lo (2001) wird empirisch gezeigt, dass der VaR nicht das volle Spektrum der Risiken von Hedgefonds erfassen kann, weil er nicht das Risiko einer Illiquidität erfasst. Vgl. Lo (1999): S.1 und Lo (2001): S.17-20.

[272] Vgl. Brunnermeier/Pedersen (2009): S.2209.

tionensausstattung der Kapitalgeber ($\mathcal{F}_t$) ab und sie steigt für stark volatile Assets. In diesem Zusammenhang wird zwischen informierten Kapitalgebern, die Kenntnisse über den Fundamentalwert und über die Liquiditätsschocks $\mathbf{z}$ haben und die Informationensausstattung $\mathcal{F}_t = \sigma\{\mathbf{z}, \mathbf{v}_0, \ldots, \mathbf{v}_t, \mathbf{p}_0, \ldots, \mathbf{p}_t, \eta_1, \ldots, \eta_t\}$ besitzen und uninformierten Kapitalgebern, die lediglich die Preise beobachten und die Informationensausstattung $\mathcal{F}_t = \sigma\{\mathbf{p}_0, \ldots, \mathbf{p}_t\}$ besitzen, unterschieden.[273,274]

Ergänzend ergibt sich für die gezeichnete Abweichung des Preises vom Fundamentalwert (Λ_t^j):[275]

$$\Lambda_t^j = p_t^j - v_t^j \quad (29)$$

Dabei wird die Messung der Assetliquidität als ein absoluter Betrag dieser Abweichung ($|\Lambda_t^j|$) definiert.[276]

3.3.2 Bestimmung der Margins

In Rahmen dieses Kapitels werden die Margins der Kapitalgeber (m_1) zum Zeitpunkt $t = 1$ für einen informierten sowie für einen uninformierten Kapitalgeber bestimmt. Wie bereits im vorangegangenen Kapitel erwähnt wurde, werden die Margins von den Kapitalgebern so gesetzt, dass sie den VaR der jeweiligen Positionen abdecken. Dabei haben die Kapitalgeber Kenntnis davon, dass sich die Preise und die Fundamentalwerte in der nächsten Periode $t = 2$ gleichen, d.h., sie wissen, dass $p_2 = v_2$ gilt. Wenn nun angenommen wird, dass informierte Kapitalgeber die Fundamentalwerte v_1 kennen, dann kennen sie ebenfalls die Preisabweichung vom Fundamentalwert(Λ_1). Wenn nun weiterhin angenommen wird, dass $\Lambda_2 = 0$ gilt, dann werden die Margins einer Long-Position in der Periode $t = 1$ folgendermaßen festgelegt:[277,278]

[273] Die genaue Spezifikation der Margins hängt dabei von den realen Merkmalen ab, je nachdem ob es sich um einen Hedgefonds, Bank bzw. Investmentbank oder um einen Market-Maker handelt. Die Spezifikationen sind in Brunnermeier/Pedersen (2009): S.2228-2232 nachzulesen. In diesem Zusammenhang seien folgende Forschungen erwähnt: Stiglitz/Weiss (1981), die zeigt, dass eine Kreditrationierung durch eine adverse Selektion und einen Moral-Hazard im Kreditmarkt entstehen kann; Geanakoplos (1997), die sich mit unvollkommenen Kreditzusagen beschäftigt und Geanakoplos (2003), die mathematisch zeigt, wie die endogene Nachfrage und das endogene Angebot die Margin-Anforderung beeinflussen. Vgl. Stiglitz/Weiss (1981): S.393, Geanakoplos (1997): S.285f. und Geanakoplos (2003): S.171.

[274] Vgl. Brunnermeier/Pedersen (2009): S.2209f.

[275] Vgl. Brunnermeier/Pedersen (2009): S.2210.

[276] Vgl. Brunnermeier/Pedersen (2009): S.2210.

[277] Die Margins einer Short-Position werden analog dazu festgelegt.

[278] Vgl. Brunnermeier/Pedersen (2009): S.2212.

$$\pi = \Pr\left(-\Delta p_2^j > m_1^{j+} | \mathcal{F}_1\right) = \Pr\left(-\Delta v_2^j + \Lambda_1^j > m_1^{j+} | \mathcal{F}_1\right) = 1 - \phi\left(\frac{m_1^{j+} - \Lambda_1^j}{\sigma_2^j}\right) \quad (30)$$

Daraus folgt für die Margins einer Long-Position:[279]

$$m_1^{j+} = \phi^{-1}(1-\pi)\sigma_2^j + \Lambda_1^j = \bar{\sigma}^j + \bar{\theta}|\Delta v_1^j| + \Lambda_1^j \quad (31)$$

Außerdem wird folgendes definiert:[280]

$$\bar{\sigma}^j = \underline{\sigma}^j \phi^{-1}(1-\pi) \quad (32a)$$

$$\bar{\theta} = \theta^j \phi^{-1}(1-\pi) \quad (32b)$$

Auf Grundlage dieser Ergebnisse sei nun angenommen, dass die Kapitalgeber Kenntnisse über die Fundamentalwerte besitzen und wissen, dass diese in der nächsten Periode $t = 2$ den Preisen entsprechen, dann werden die Margins einer Long- und Short-Position definiert als:[281]

$$m_1^{j+} = \max\{\bar{\sigma}^j + \bar{\theta}|\Delta v_1^j| + \Lambda_1^j, 0\}. \quad (33a)$$

$$m_1^{j-} = \max\{\bar{\sigma}^j + \bar{\theta}|\Delta v_1^j| - \Lambda_1^j, 0\} \quad (33b)$$

Es lässt sich demnach sagen, dass je mehr die Preise die Fundamentalwerte ten ($\Lambda_1^j < 0$), desto kleiner ist die Margin einer Long-Position (m_1^{j+}). Analog dazu lässt sich weiterhin feststellen, dass, je mehr die Preise die Fundamentalwerte überschreiten ($\Lambda_1^j > 0$), desto geringer ist die Margin einer Short-Position (m_1^{j-}). In einem solchen Fall verringert Illiquidität die Margins derjenigen Spekulanten, die zu niedrigen Preisen kaufen und zu hohen Preisen verkaufen. Eine Reduzierung der Margins erfolgt aufgrund der Tatsache, dass die Spekulanten Profite dann erwarten, wenn die Preise zu den Fundamentalwerten zum Zeitpunkt $t = 2$ zurückkehren. Diese Profite dämpfen Verluste aufgrund der Volatilität der Fundamentalwerte. Aus diesem Grund werden diese Margins der informierten Kapitalgeber zum Zeitpunkt $t = 1$ stabilisierende Margins genannt.[282]

Andererseits kann auch angenommen werden, dass es sich bei den Kapitalgebern um uninformierte Kapitalgeber handelt. Der uninformierte Kapitalgeber kann seine Margins lediglich auf Grundlage der beobachteten Preise p_0 und p_1 festlegen. Aus diesem Grund taucht folgendes Problem auf: Der uninformierte Kapitalgeber hat weder Informationen über die Eintrittswahrscheinlichkeit sequentiell in den Markt eintretender Marktteilnehmer, noch über die

---

279 Vgl. Brunnermeier/Pedersen (2009): S.2212.
280 Vgl. Brunnermeier/Pedersen (2009): S.2212.
281 Vgl. Brunnermeier/Pedersen (2009): S.2212.
282 Vgl. Brunnermeier/Pedersen (2009): S.2213.

Werte von z_0 und z_1. Ging der Kapitalgeber jedoch vorher von einer geringen Wahrscheinlichkeit eines nichtsequentiellen Auftretens eines Ausstattungsschocks aus, dann erscheint es ihm nun sehr wahrscheinlich, dass die Preise den Fundamentalwerten entsprechen, d.h., dass $p_t^j = v_t^j$ gilt. In diesem Fall sind die Margins für Long- und Short-Positionen identisch, d.h., es gilt $m_1^j = m_1^{j+} = m_1^{j-}$. Gilt nun außerdem $a \rightarrow 0$, nähern sich die Margins für Long- und Short-Positionen folgendermaßen an:[283,284]

$$m_1^j = \bar{\sigma}^j + \bar{\theta}\left|\Delta p_1^j\right| = \bar{\sigma}^j + \bar{\theta}\left|\Delta v_1^j + \Delta\Lambda_1^j\right| \quad (34)$$

Demnach nehmen die Margins mit einem Anstieg der Volatilität der Preise zu. Liquiditätsschocks, die zu einer Illiquidität führen, können die Margins ebenfalls erhöhen. Intuitiv lässt sich sagen, dass die Margins steigen, da das Liquiditätsrisiko tendenziell dazu führt, dass die Preisvolatilität steigt und uninformierte Geldgeber dazu neigen könnten, die Preisvolatilität als Volatilität des Fundamentalwertes zu interpretieren. Die Gleichung (34) zeigt, dass eine Illiquidität dann zu einem Anstieg der Margins führt, wenn der Liquiditätsschock $\Delta\Lambda_1^j$ und der Schock auf den Fundamentalwert (Δv_1^j) dasselbe Vorzeichen haben, m.a.W. wenn sie sich in dieselbe Richtung bewegen, oder wenn $\Delta\Lambda_1^j$ ein größeres Ausmaß annimmt, bspw. wenn schlechte Nachrichten und Verkaufsdruck zur selben Zeit auftreten. Andererseits sinken die Margins, wenn der nichtfundamentale Liquiditätsschock z eine Bewegung des Fundamentalwertes ausgleicht. Dieses Phänomen, bei dem eine Illiquidität dazu führt, dass die Margins steigen, wird destabilisierende Margins genannt.[285]

3.3.3 Fragilität der Liquidität

Die Eigenschaft einer Margin (stabilisierend oder destabilisierend) hat eine große Auswirkung auf das Gleichgewicht. Es stellt sich die Frage wie eine kleine Änderung in den Fundamentalwerten zu großen Änderungen der Liquidität führen kann. In diesem Abschnitt wird gezeigt,

[283] Dieser Fall erfasst die realitätsnähere Situation, dass eine Liquiditätskrise nicht mit einer Abnahme, sondern mit einem Anstieg der Margins verbunden ist. Diese Festlegung der Margins basiert auf der Volatilität, die durch Beobachtungen vorheriger Preisbewegungen berechnet wird. Dies führt zu einer Prozyklität, die Finanzierungsschocks verstärkt. Diese Problematik gilt als einer der Hauptkritikpunkte bezüglich Basel II. Vgl. Brunnermeier/Pedersen (2009): S.2213.
[284] Vgl. Brunnermeier/Pedersen (2009): S.2213.
[285] Vgl. Brunnermeier/Pedersen (2009): S.2213f.

dass insbesondere Finanzierungsprobleme von uninformierten Kapitalgebern, m.a.W. die Existenz von destabilisierenden Margins, zu großen Problemen führen können.[286]

Zur Vereinfachung wird angenommen, dass lediglich ein einzelnes Wertpapier genutzt wird, d.h., dass $J = 1$ gilt. Folgende Definition ist von großer Relevanz: Liquidität wird dann als fragil bezeichnet, wenn der gleichgewichtige Preis $p_t(\eta_t v_t)$ nicht so gewählt werden kann, dass er bei einem exogenen Schock, z.B. η_t und Δv_t unverändert bleibt.[287] Im weiteren Verlauf dieser Analyse existieren $\underline{x}, \underline{\theta}, \underline{a} > 0$. Für den Fall, dass die Kapitalgeber uninformiert sind, ist der Markt zum Zeitpunkt $t = 1$ dann fragil, wenn die Positionen der Spekulanten ($|x_0|$) größer als$\underline{x}$sind und dasselbe Vorzeichen bzw. dieselbe Richtung wie der Nachfrageschock Z_1 haben. Darüber hinaus muss der ARCH-Parameter θ größer sein als $\underline{\theta}$ und die Wahrscheinlichkeit, dass die Markteilnehmer sequentiell in den Markt eintreten, a kleiner als $\underline{a}$ sein.[288,289]

3.3.3.1 Zahlenbeispiel : Fragilität durch die Existenz destabilisierender Margins

Folgendes Zahlenbeispiel soll die Thematik des vorangegangenen Kapitels verdeutlichen: Zunächst einmal wird der realitätsnähere Fall angenommen, dass die Kapitalgeber uninformiert sind. Außerdem wird festgelegt, dass die ARCH-Volatilität-Parameter des Fundamentalwertes ($\underline{\sigma} = 10$) und ($\underline{\theta} = 0{,}3$) betragen, d.h., es kommt zu einer Clusterbildung der Volatilität. Des Weiteren beträgt der anfängliche Preis $p_0 = 130$, der aggregierte Nachfrageschock der Auftraggeber, die zum Zeitpunkt $t = 1$ in den Markt eingetreten sind, beträgt ($Z_1 = z_0 + z_1 = 30$) und der Koeffizient der Risikoaversion der Auftraggeber liegt bei ($\gamma = 0{,}05$). Die Spekulanten haben anfänglich keine Position, d.h., es gilt $x_0 = 0$ und sie haben ein liquides Vermögen von $W_1 = 900$. Die uninformierten Kapitalgeber wählen einen VaR π von

[286] Vgl. Brunnermeier/Pedersen (2009): S.2214.

[287] Fragilität kann entstehen, wenn die überschüssige Nachfrage nach Aktien ($x_t + \sum_{k=0}^{1} y_1^k$) ungleichbleibend im Preis sein kann. Unter „normalen" Umständen führt ein hoher Preis zu einer niedrigen gesamten Nachfrage. Verbindliche Finanzierungsbeschränkungen i.V.m. destabilisierenden Margins, oder i.V.m. hohen Verlusten bei den Spekulanten können dazu führen, dass die Nachfragekurve in einem solchen Fall steigt. Aus diesem Grund wird ein stabiles Gleichgewicht betrachtet, bei dem ein geringer Preis zu einer erhöhten Nachfrage führt und ein hoher Preis zu einem erhöhten Angebot führt. Vgl. Brunnermeier/Pedersen (2009): S.2214.

[288] Für den Fall, dass die Kapitalgeber informiert sind, ist der Markt zum Zeitpunkt $t = 1$ fragil, wenn die Positionen der Spekulanten ($|x_0|$) größer sind als $\underline{x}$ und dasselbe Vorzeichen bzw. dieselbe Richtung haben wie der Nachfrageschock Z_1. Vgl. Brunnermeier/Pedersen (2009): S.2214.

[289] Vgl. Brunnermeier/Pedersen (2009): S.2214.

einem Prozent. Die Wahrscheinlichkeit, dass die Aufrageber sequentiell einen Ausstattungsschock erfahren, beträgt ($a = 1$) Prozent.[290]

Abb.1 zeigt, inwiefern die Existenz von uninformierten Kapitalgebern dazu führen kann, dass Margins destabilisieren, wenn eine Clusterbildung der Volatilität vorliegt. Die durchgehende Kurve in der Abbildung stellt die optimale Nachfrage der Spekulanten für $a = 1$ Prozent dar. Die gestrichelte, schräge Gerade zeigt das Angebot der Auftraggeber, welches auch gleichzeitig das Negative ihrer Nachfrage ist.[291]

Dabei zeigt Abschnitt A (links) der Abbildung, wie die Nachfrage der Spekulanten (x_1) und das Angebot der Auftraggeber vom Preis p_1 abhängen, falls der Fundamentalwert $v_1 = 120$ beträgt und für den Vermögensschock der Spekulanten ($\eta_1 = 0$) gilt, m.a.W. wenn die Spekulanten keinen Vermögensschock erfahren. Zu erkennen ist, dass das Angebot der Auftraggeber mit einem Anstieg des Preises steigt. Für den Fall, dass der Markt perfekt liquide ist, d.h., wenn $p_1 = v_1 = 120$ gilt bzw. wenn $|\Lambda_1| = 0$ gilt, dann bieten die Auftraggeber $Z_1 = 30$ Aktien an. Dies ist genau der Betrag an Aktien, den sie für die Periode $t = 3$ antizipieren. Für geringe Preise bieten sie entsprechend weniger Aktien an.[292]

Abb.1: Nachfrage der Spekulanten & Angebot der Auftraggeber.

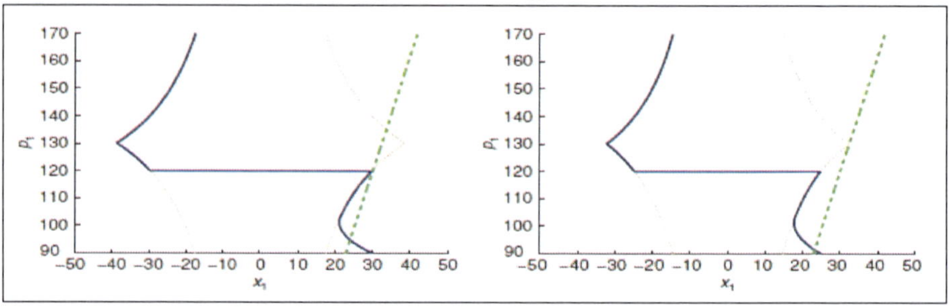

Quelle: Brunnermeier/Pedersen (2009): S.2215.

Bei der Nachfrage der Spekulanten(x_1) muss die bereits beschriebene Margin-Bedingung berücksichtigt werden. Für das aktuelle Beispiel ($a \to 0$) ergibt sich für $m = \bar{\sigma} + \bar{\theta}|\Delta p_1| = 10 + 0{,}3|\Delta p_1| = 2{,}326$. Dies impliziert, dass für die Nachfrage der Spekulanten ($|x_1| \leq W_1/(\bar{\sigma} + \bar{\theta}|\Delta p_1|)$) gilt. Bezogen auf die Abbildung bedeutet dies, dass ihre Nachfrage innerhalb des zu erkennenden „hyperbolischen Sterns“, der sich aus den vier gestrichelten

[290] Vgl. Brunnermeier/Pedersen (2009): S.2214.
[291] Vgl. Brunnermeier/Pedersen (2009): S.2215.
[292] Vgl. Brunnermeier/Pedersen (2009): S.2215.

Hyperbeln[293]ergibt, liegen muss. Zu erkennen ist, dass bei einem Preis von $p_1 = p_0 = 130$ die Margins am geringsten sind und eine Bewegung von p_1 weg von $p_0 = 130$ dazu führt, dass die Margins steigen und die Spekulanten folglich mehr eingeschränkt werden. Der Abstand zwischen den zwei Hyperbeln wird demnach geringer.[294]

Die Nachfragekurve für den Fall $a \rightarrow 0$ lässt sich folgendermaßen ableiten: Für $p_1 = v_1 = 120$ ist die erwartete Rendite eines Wertpapiers gleich Null, daher ist jeder Spekulant indifferent zwischen allen möglichen Positionen, die auf der horizontalen Linie liegen. Ein risikoneutraler Spekulant wählt für ein Preisniveau, welches oberhalb der horizontalen Linie liegt ($p_1 > v_1$), eine Short-Position, d.h., es gilt $x_1 < 0$. In diesem Fall ist seine Nachfrage durch die obere, linke Seite des „hyperbolischen Sterns“ beschränkt. Für den Fall, dass das Preisniveau unterhalb der horizontalen Linie liegt ($p_1 < v_1$) verhält es sich analog dazu. In diesem Fall wählt ein risikoneutraler Spekulant eine Long-Position, d.h., es gilt$x_1 > 0$. Wird nun seine Nachfrage durch die Margin-Restriktion begrenzt, dann krümmt sich die Nachfrage der Spekulanten für solche Preise, die unter dem Fundamentalwert $v_1 = 120$ liegen nach oben. Eine Senkung der Preise wird in diesem Fall von den Kapitalgebern als eine Erhöhung der Volatilität des Fundamentalwertes bzw. als ein Anstieg der Margins beurteilt.[295]

Im weiteren Verlauf wird der Fall $a > 0$ betrachtet. Hier wird die Festlegung der Margins durch die Tatsache erschwert, dass ein uninformierter Kapitalgeber feststellen muss, ob eine Änderung des Gleichgewichtspreises aus einer Bewegung der Fundamentalpreise (Δv_1) oder aus einem Liquiditätsereignis resultiert. Wird nun angenommen, dass die Auftraggeber $k = 0$ und $k = 1$ verkaufen wollen ($Z_1 = 30$), dann ist ein Preisanstieg oder ein mäßiger Preisrückgang höchstwahrscheinlich durch eine Änderung der Fundamentalwerte begründet. In diesem Fall ähnelt die Festlegung der Margins sehr der Festlegung der Margins für den Fall $a = 0$.[296] Für einen großen Preisrückgang, bspw. für einen Preis $p_1 < 100$ gehen die Geldgeber jedoch eher davon aus, dass ein Preisanstieg oder ein mäßiger Preisrückgang in der Existenz eines Liquiditätsereignisses begründet liegt. In diesem Fall sind sie dazu bereit geringere Margins festzulegen, da sie davon ausgehen, dass sie in der Periode $p = 2$ von einem Preis, der auf sein altes Niveau zurückkehrt, profitieren werden.[297]

[293] Diese Hyperbeln sind teilweise von der durchgehenden Angebotskurve überdeckt.
[294] Vgl. Brunnermeier/Pedersen (2009): S.2215.
[295] Vgl. Brunnermeier/Pedersen (2009): S.2215f.
[296] Diese Tatsache ist der Grund dafür, dass Teile der Hyperbeln passgenau von der durchgehenden Angebotskurve der Spekulanten ($p_1 = 100$) überdeckt werden. Vgl. Brunnermeier/Pedersen (2009): S.2216.
[297] Vgl. Brunnermeier/Pedersen (2009): S.2216.

Abschnitt A zeigt zwei stabile Gleichgewichte und zwar ein Gleichgewicht mit perfekter Liquidität bei einem Preis$p_1 = v_1 = 120$ und ein illiquides Gleichgewicht mit einem ungefähren Preis $p_1 = 94$. Abschnitt B von Abb.1 stellt denselben Grundriss wie Abschnitt A dar, jedoch wird die Existenz eines negativen Vermögensschocks $\eta_1 = -150$ angenommen. In diesem Fall existiert das perfekt liquide Gleichgewicht mit einem Preis $p_1 = v_1$ nicht mehr, da die Spekulanten keine Positionen, die groß genug sind, finanzieren können. Außerdem ist das einzige verbleibende Gleichgewicht, aufgrund des geringeren Vermögens der Spekulanten und endogenen höheren Margins, sehr illiquide.[298]

Dieses „Abkoppeln“ zwischen dem perfekt liquiden und dem illiquiden Gleichgewicht und die daraus resultierende Fragilität werden in Abb.2 dargestellt. Die Abbildung zeigt den gleichgewichtigen Preis als eine Funktion des Vermögensschocks η_1 (Abschnitt A) und als eine Funktion eines Schocks auf die Fundamentalwerte (Δv_1) (Abschnitt B). Die blaue Linie zeigt das Gleichgewicht mit der höchsten Assetliquidität und die rote Linie zeigt das Gleichgewicht mit der niedrigsten Assetliquidität. Die Geldgeber sind auch hier uninformiert und es kommt zu einer Clusterbildung der Volatilität der Fundamentalwerte. Die Unterbrechung beim gleichgewichtigen Preis, d.h. die Fragilität der Liquidität, zeigt, dass ein kleiner Schock eine unverhältnismäßig große Auswirkung auf den Preis hat.[299]

Abb.2: Fragilität als Resultat destabilisierender Margins.

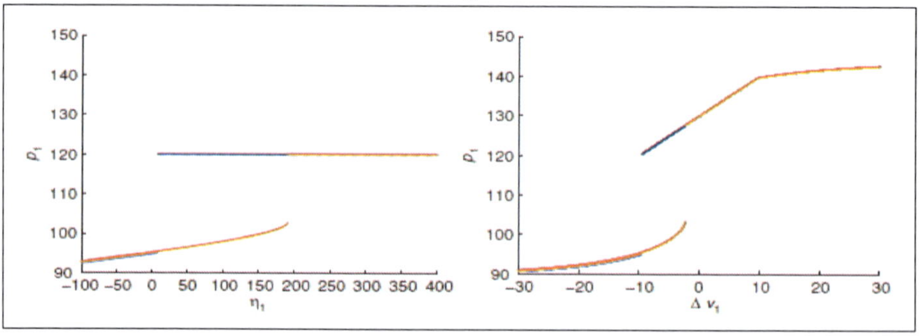

Quelle: Brunnermeier/Pedersen (2009): S.2217.

Abschnitt A (links) zeigt den gleichgewichtigen Preis i.V.m. verschiedenen exogenen Finanzierungsschocks η_1 bei einem fixen $\Delta v_1 = -10$. Es wird gezeigt, dass eine geringfügige Reduzierung der Finanzausstattung nicht immer zu einer gleichmäßigen Reduzierung der

[298] Vgl. Brunnermeier/Pedersen (2009): S.2216.
[299] Vgl. Brunnermeier/Pedersen (2009): S.2216f.

Assetliquidität führt. Vielmehr wird angenommen, dass die Finanzausstattung ein gewisses Niveau erreicht hat, bei dem schon eine infinitesimale Abnahme der Finanzausstattung zu einer ununterbrochenen Abnahme der Assetliquidität führt.[300]

Abschnitt B (rechts) der Abbildung zeigt den gleichgewichtigen Preis in Verbindung mit verschiedenen Umsetzungen des Schocks auf den Fundamentalwert (Δv_1) bei einem xen $\eta_1 = 0$. Zu erkennen ist eine ähnliche Form der Unterbrechung wie in Abschnitt A. Eine Fragilität kann also ebenfalls auftreten, wenn Schocks auf die Nachfrage der Auftraggeber und die Volatilität auftreten.[301]

Zusammenfassend lässt sich sagen, dass die Existenz destabilisierender Margins und Verluste der Dealer zu den beobachteten Unterbrechungen der Preise führen. Diese Tatsache kann bei der Erklärung, warum die Assetliquidität plötzlich „austrocknet", helfen.[302,303]

3.3.3.2 Liquidity-Spirals

In dem vorangegangenen Kapitel wurde gezeigt, von welch großer Bedeutung die Finanzierungsliquidität (Finanzausstattung) der Spekulanten ist. Im Folgenden wird gezeigt, inwiefern sich die Finanzierungsliquidität auf die Anfälligkeit der Assetliquidität für Schocks auswirkt. In diesem Zusammenhang werden zwei verstärkende Mechanismen genannt und zwar die sog. Margin-Spiral, die durch einen Anstieg der Margins, als Reaktion auf die Verschlechterung der Finanzausstattung der Spekulanten, entsteht und die sog. Loss-Spiral, die eine Folge der steigenden Verluste der Spekulanten ist.[304,305]

Diese Spiralen werden in Abb.3 grafisch dargestellt. Ein Vermögensschock auf das Kapital der Spekulanten ($\eta_1 < 0$) zwingt sie dazu, den Markt weniger mit Liquidität zu versorgen, wodurch der Preiseinfluss des Nachfragedrucks der Auftraggeber erhöht wird. Dies hat, für den Fall, dass die Geldgeber uninformiert sind und ARCH-Effekte vorliegen, zur Folge, dass der resultierende Preisschwung die, von den Geldgebern abgeschätzte, Volatilität der Fundamentalwerte erhöht und somit auch die Margins erhöht. Dadurch verschlechtern sich die Finanzierungsmöglichkeiten der Spekulanten noch weiter, was wiederum die Anfälligkeit für

300 Vgl. Brunnermeier/Pedersen (2009): S.2216.
301 Vgl. Brunnermeier/Pedersen (2009): S.2217.
302 Bspw. war die LTCM-Krise in Relation zum globalen Arbitrage-Kapital „nur" ein gewöhnlicher Vermögensschock. Vgl. Brunnermeier/Pedersen (2009): S.2218.
303 Vgl. Brunnermeier/Pedersen (2009): S.2217f.
304 Die Loss-Spiral hängt sehr stark mit den Ergebnissen anderer Studien zusammen, die ihre Auswirkung verstärken (siehe u.a. Morris/Shin (2004). Hier werden sog. „Liquidity-Black-Holes" untersucht und gezeigt, dass Liquidität keine feste Bestandsgröße ist).
305 Vgl. Brunnermeier/Pedersen (2009): S.2218.

Schocks weiter erhöht etc. Letztendlich führt der beschriebene Ablauf zu einer Margin-Spiral. Außerdem kann ein Anstieg der Illiquidität des Marktes dazu führen, dass von den Spekulanten gehaltene Positionen hohe Verluste verzeichnen, wodurch sich die Finanzierungsmöglichkeiten der Spekulanten ebenfalls verschlechtern usw. Dieser Ablauf führt zu einer sog. Loss-Spiral.[306]

Abb.3: Liquidity-Spirals.

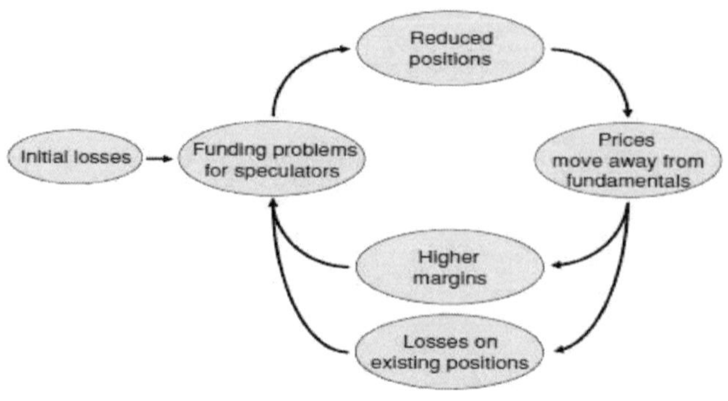

Quelle: Brunnermeier/Pedersen (2009): S.2214.

Dabei lassen sich die Spiralen auch mathematisch ausdrücken. Sei angenommen, dass die Kapitalrestriktion der Spekulanten schwach ist, dann gilt für den Preis $p_1 = v_1$, d.h., dass der Preis unempfindlich gegen Änderungen des Vermögens der Spekulanten ist. Geht man nun von einem stabilen illiquiden Gleichgewicht aus, dann ergibt sich in diesem Gleichgewicht mit einem Verkaufsdruck seitens der Auftraggeber ($Z_1, x_1 > 0$) folgendes für die Anfälligkeit der Preise für Vermögensschocks der Spekulanten (η_1):[307]

$$\frac{\partial p_1}{\partial \eta_1} = \frac{1}{\frac{2}{\gamma(\sigma_2)} m_1^+ + \frac{\partial m_1^+}{\partial p_1} x_1 - x_0} \qquad (35)$$

In einem Gleichgewicht mit einem Kaufdruck seitens der Auftraggeber ($Z_1, x_1 < 0$) gilt analog dazu:[308]

$$\frac{\partial p_1}{\partial \eta_1} = \frac{1}{\frac{2}{\gamma(\sigma_2)} m_1^- + \frac{\partial m_1^-}{\partial p_1} x_1 + x_0} \qquad (36)$$

[306] Vgl. Brunnermeier/Pedersen (2009): S.2218.
[307] Vgl. Brunnermeier/Pedersen (2009): S.2218.
[308] Vgl. Brunnermeier/Pedersen (2009): S.2218.

Eine Margin-Spiral entsteht dann, wenn $\partial m_1^+/\partial p_1 < 0$, oder $\partial m_1^-/\partial p_1 > 0$ gilt. Diese beiden Fälle treten mit einer hohen Wahrscheinlichkeit ein, wenn die Kapitalgeber uninformiert sind und a klein genug ist. Im Gegensatz dazu entsteht eine Loss-Spiral dann, wenn sich die vorherigen Positionen der Spekulanten in die entgegengesetzte Richtung entwickeln wie der Nachfragedruck $(x_0 Z_1 > 0)$. An dieser Stelle kommt jedoch der Hinweis, dass der Gesamteffekt einer Kombination der beiden Spiralen größer ist, als die Summe der separat betrachteten Effekte der Margin-Spiral und Loss-Spiral. Die Spiralen können auch durch einen Schock auf die Liquiditätsnachfrage Z_1, auf die Fundamentalwerte v_1, oder auf die Volatilität ausgelöst werden.[309,310]

Zusammenfassend lässt sich sagen, dass die gezeigten Resultate dieses Kapitels bezogen auf die Fragilität und auf die Liquidity-Spirals implizieren, dass in Krisenzeiten bereits kleine Änderungen in der zugrundeliegenden Finanzausstattung zu großen Einbrüchen der Liquidität führen können.[311,312,313]

3.4 Empirische Untersuchung der Rolle der Liquidität im Bezug auf die „Contagion“

Es stellt sich nun die Frage, inwiefern das Modell der Liquidity-Spirals eine „Contagion“ erklären kann. Das Modell besteht grundlegend aus zwei zentralen Komponenten und zwar aus der Finanzausstattung der Marktakteure (Finanzierungsliquidität) und aus der Assetliquidität. Da die Interaktion dieser beiden Komponenten von entscheidender Bedeutung

[309] Bspw. beeinflusst ein Schock auf die Fundamentalwerte die Preise. Dies geschieht durch einen direkten Effekt auf den letzten Payoff und durch einen Effekt auf die - von den Auftraggebern - zukünftig erwartete Volatilität. Beide Effekte werden durch die Liquidity-Spiral verstärkt. Vgl. Brunnermeier/Pedersen (2009): S.2219.

[310] Vgl. Brunnermeier/Pedersen (2009): S.2218f.

[311] Für eine anschaulichere theoretische Darstellung ihrer Ergebnisse wenden Brunnermeier/Pedersen (2009) ihr Modell der Liquidity-Spirals auf den Zusammenbruch des Aktienmarktes im Jahre 1987 an und geben einen Aufschluss über die möglichen Gründe und den genauen Ablauf des Zusammenbruchs. Vgl. Brunnermeier/Pedersen (2009): S.2219f. für diese Darstellung

[312] Neben dem gezeigten Problem der „Austrocknung“ der Assetliquidität zeigen Brunnermeier/Pedersen (2009) auch, dass Liquidität Gemeinsamkeiten zwischen verschiedenen Wertpapieren aufweist (siehe dazu ebenfalls Chordia/Roll/Subrahmanyam (2000)), da ein Schock auf die Finanzierungsliquidität alle Wertpapiere beeinträchtigt, bei denen Spekulanten marginale Investoren sind. Diese Tatsache wird u.a. von den Studien Coughenour/Saad (2004) und Acharya/Schaefer/Zhang (2007) empirisch unterstützt und kann bei der Frage helfen, warum die Assetliquidität bei verschiedenen Aktien korreliert (siehe dazu u.a. Hasbrouck/Seppi (2001) und Huberman/Halka (2001)). Außerdem zeigen Brunnermeier/Pedersen (2009), dass Liquidität stark mit dem Thema „Flight-to-Quality verbunden ist (siehe u.a. Acharya/Pedersen (2005) für empirische Evidenzen zu dem Thema „Flight-to-Quality“). Vgl. Hasbrouck/Seppi (2001): S.398f., Coughenour/Saad (2004): S.65-68, Acharya/Pedersen (2005): S.375, Acharya/Schaefer/Zhang (2007): S.9 und Brunnermeier/Pedersen (2009): S.2220-2222.

[313] Vgl. Brunnermeier/Pedersen (2009): S.2220.

ist, sollte ihre Rolle in Bezug auf die „Contagion“ gesondert untersucht werden bzw. beide Komponenten für sich als Kanäle der „Contagion“ in Betracht gezogen werden. Zu diesem Zweck werden die Assetliquidität und die Finanzierungsliquidität gemessen und eine Verbindung zwischen dem gemessenen Wert und einer „Contagion“ hergestellt. Dadurch soll überprüft werden, ob ein „Austrocknen“ der Liquidität eine „Contagion“ erklären kann.

3.4.1 Methodik der Analyse

In Kapitel 2 wurden bereits diverse Messungen der Liquidität ausführlich erläutert. Im Rahmen dieser Untersuchung werden jedoch zusätzlich sechs weitere Messungen zur Bestimmung der Finanzierungsliquidität und Assetliquidität benötigt, die allesamt mögliche Kanäle für die „Contagion“ darstellen. Diese Messungen - im weiteren Verlauf dieser Studie Liquiditätsstellvertreter genannt - werden im Rahmen dieses Kapitels eingehend vorgestellt.[314]

Zunächst einmal werden die Messungen stellvertretend für die Finanzierungsliquidität herangezogen. Die erste Messung ist der Prime-Broker-Aktien-Index (PBI).[315] Dieser Index besteht aus elf Prime-Brokern,[316] deren Renditen - bereinigt bei Stock-Splits und Dividenden - zu einem gleichgewichteten Index für die relevante Periode zusammengefasst werden. Die gesammelten Daten über die Aktienpreise stammen aus der CRSP-Datenbank (bis Ende 2006) und aus der Datenbank von Yahoo!-Finance (ab 2007). Die nächste Messung ist der Datastream-Bank-Stock-Index (BANK). Dieser Index ist ein gleichgewichteter Index der Renditen von Aktien großer Banken, hauptsächlich von nationalen Kommerzbanken und von regionalen Banken.[317] Zudem wird als Messung für die Marktdichte des Kreditmarktes der Credit-Spread zwischen einem BAA-Rating und einem AAA-Rating, d.h. der Credit-Spread-Index (CRSPRD), herangezogen.[318] Außerdem wird das Volumen des Repo-Marktes hinzu-

---

[314] Eine umfangreichere Beschreibung der Liquiditätsstellvertreter findet sich in der Übersicht in *Anhang 35*.

[315] Der PBI-Index stellt aufgrund der hohen Bedeutung der Prime-Broker für die Hedgefonds (siehe dazu das kommende Kapitel 3.5) den maßgeblichen Stellvertreter der Finanzierungsliquidität dar.

[316] Im Einzelnen sind diese Prime-Broker Goldman Sachs, Morgan Stanley, Bear Stearns, USB AG, Bank of America, Citigroup, Merrill Lynch, Lehman Brothers Holdings Inc., Credit Suisse, Deutsche Bank AG und Bank of New York Mellon. Die ersten drei der genannten Prime-Broker repräsentieren mit ungefähr 58 Prozent des gesamten Prime-Broker-Marktes im Jahr 2006. Die restlich genannten acht Prime-Broker gelten ebenfalls als dominante Marktteilnehmer. Vgl. Boyson/Stahel/Stulz (2008): S.17f.

[317] Adrian/Brunnermeier (2008) nutzen einen ähnlichen, aber weitaus engeren Bank-Index, welcher aus weniger Kreditinstituten besteht. Sie zeigen, dass ein bestimmter Hedgefonds-Style einen Anstieg des VaR im Investmentbanken-Sektor voraussagen kann. Chan et al. (2007) nutzen einen breiteren Bank-Index, welcher aus den monatlichen Renditen eines gleichgewichtigen Portfolios verschiedener Bank-Aktien der CRSP-Datenbank besteht. Vgl. Chan et al. (2007): S.309-318 und Adrian/Brunnermeier (2008).

[318] Longstaff/Mithal/Neis (2004) nutzen eine ähnliche Methode. Vgl. Longstaff/Mithal/Neis (2004): S.5-10.

gezogen. Dabei kann ein niedriges Volumen bzw. die Änderung des Volumens (REPO) auf eine Reduzierung der Finanzierungsliquidität hindeuten.[319,320]

Stellvertretend für die Assetliquidität werden folgende Messungen genutzt: Die sog. Amihud-Illiquiditäts-Schätzung (STKLIQ)[321] aus der Studie Amihud (2002) und die Messung des Kapitalabflusses der Hedgefonds als letzter Kanal der „Contagion". Dabei werden der kontemporäre Nettofluss und der um einen Monat vorweggehende Nettofluss ($FLOW_t$ und $FLOW_{t+1}$)[322] verwendet.[323]

In der Tabelle in *Anhang 36* werden diese sechs Liquiditätstellvertreter für den Zeitraum von Januar 1990 bis zum August 2007 dargestellt. Für alle Variablen und Hedgefonds-Indizes gibt es vollständige Beobachtungen; lediglich die prozentuale Änderung des Repo-Volumens ist ein Sonderfall, denn da diese Variable erst seit August 1994 verfügbar ist, gibt es hierbei lediglich 157 Beobachtungen. Ein Großteil der Liquiditätstellvertreter hat signifikante Verteilungen zwischen dem 25-Perzentil und dem 75-Perzentil und alle Variablen haben überschüssige Exzesse. Zu erkennen ist auch, dass die Korrelationen zwischen den Liquiditätsstellvertretern fast immer gering bzw. negativ sind. Lediglich der PBI-Index und der BANK-Index weisen eine leichte Korrelation von 0,82 auf, jedoch ist diese Korrelation keinesfalls verwunderlich, da alle Unternehmen dieser Indizes im Finanzsektor angesiedelt sind. Bezüglich der Aussagekraft weisen beide Indizes jedoch gravierende Unterschiede auf.[324]

Ein erster Test der Liquiditätsstellvertreter wird in der Tabelle in *Anhang 37* gezeigt. Hinzu kommt eine neue „Contagion"-Variable und zwar die sog. COUNT8-Variable, die einen Wert zwischen Null und Acht annimmt. Ähnlich wie bei der COUNT-Variable bedeutet ein Wert von Null, dass während eines bestimmten Monats bei keinem der untersuchten Hedgefonds-Indizes ein Zehn-Prozent-Tail-Event stattfindet. Ein Wert von Eins bedeutet, dass einer der untersuchten Hedgefonds-Indizes ein Zehn-Prozent-Tail-Event aufweist. Für die anderen

[319] Kambhu (2006) zeigt bspw., dass eine Beziehung zwischen einem niedrigen Volumen des Repo-Marktes und einer schlechten Entwicklung von Hedgefonds besteht. Adrian/Fleming (2005) weisen darauf hin, dass das Netto-Repo-Volumen den Leverage der Dealer repräsentiert, obwohl erwähnt werden muss, dass diese Verbindung nicht fehlerfrei ist. Vgl. Adrian/Fleming (2005): S.6 und Kambhu (2006): S.11f.

[320] Vgl. Boyson/Stahel/Stulz (2008): S.17-19.

[321] Diese Methode von Amihud (2002) wurde bereits in Kapitel 2.2.2.1 erwähnt. In dem jetzigen Fall eignet sich diese Methode jedoch sehr gut zur Messung der Marktliquidität und ist hier der maßgebliche Stellvertreter für die Marktliquidität. Eine genaue Erläuterung zu dem Aufbau dieser Methode ist in Amihud (2002): S.33-35 nachzulesen.

[322] Wobei t für den Zeitraum des Monats steht. Vgl. Boyson/Stahel/Stulz (2008): S.20.

[323] Vgl. Boyson/Stahel/Stulz (2008): S.19f.

[324] Vgl. Boyson/Stahel/Stulz (2008): S.20f.

Werte verläuft es analog, bis zu einem Wert von acht, der bedeutet, dass alle Hedgefonds-Indizes auffällig niedrige Renditen haben.[325]

Ergänzend wird eine Dummy-Variable, repräsentativ für die Liquidität für jeden der sechs Liquiditätstellvertreter, erstellt. In Abhängigkeit der Realisierung der sechs Liquiditätsstellvertreter wird die Dummy-Variable entweder gleich Null, oder gleich Eins gesetzt. Sie wird dann gleich Eins gesetzt, wenn sich ihre dazugehörige Variable im untersten Dezil der Liquidität befindet und wird dann gleich Null gesetzt, wenn es sich genau umgekehrt dazu verhält. Demnach werden die Dummy-Variablen der Liquiditätstellvertreter PBI, FLOW_t, FLOW_{t+1}, BANK und REPO gleich Eins gesetzt, wenn sich die jeweiligen Variablen in den unteren zehn Prozent der jeweiligen Werte befinden und die Dummy-Variablen der Liquidität-Stellvertreter STKLIQ und CRSPRD werden dann gleich Eins gesetzt, wenn sich die jeweiligen Variablen in den oberen zehn Prozent der jeweiligen Werte befinden. Im Anschluss daran wird der Mittelwert der COUNT8-Variable, bedingt durch den Wert, den die Dummy-Variable annimmt (Null oder Eins), berechnet und dann wird ein t-Test auf die Differenzen der bedingten Mittelwerte durchgeführt.[326]

Ein hoher Mittelwert für die COUNT8-Variable impliziert für den Fall, dass die Dummy-Variable den Wert Eins annimmt, dass viele Hedgefonds-Styles bei niedriger Liquidität eine schlechte Performance aufweisen bzw. dass die „Contagion" bei niedriger Liquidität steigt.[327]

Die, in der Tabelle in *Anhang 37* dargestellten, Resultate des Tests zeigen, dass die Liquiditätstellvertreter PBI, BANK, STKLIQ in enger Beziehung zu der „Contagion" stehen.[328] Niedrige PBI-Erträge, d.h. Erträge im unteren Dezil, bedeuten bspw., dass durchschnittlich 2,71 Hedgefonds sehr niedrige Renditen aufweisen. Zum Vergleich weisen lediglich 0,59 Hedgefonds niedrige Renditen auf, wenn sich die PBI-Erträge nicht im unteren Dezil befinden. Des Weiteren ist zu erkennen, dass sich die restlichen Liquiditätsstellvertreter CRSPRD, REPO, FLOW_t und FLOW_{t+1} nur sehr bedingt dazu eignen die COUNT8-Variable vorauszusagen.[329]

Als einen Nachweis, dass Asset- und Finanzierungsliquidität von überaus wichtiger Bedeutung sind, zeigt die Tabelle ebenfalls eine Kombination der Existenz einer niedrigen Assetliquidität in Form eines im oberen Dezil angesiedelten Wertes für STKLIQ und die Existenz

[325] Vgl. Boyson/Stahel/Stulz (2008): S.21.
[326] Vgl. Boyson/Stahel/Stulz (2008): S.21.
[327] Vgl. Boyson/Stahel/Stulz (2008): S.21.
[328] Diese Tatsache stimmt mit dem Ergebnis des erläuterten Modells von Brunnermeier/Pedersen (2009) überein.
[329] Vgl. Boyson/Stahel/Stulz (2008): S.21.

einer niedrigen Finanzierungsliquidität in Form eines im unteren Dezil angesiedelten Wertes für PBI. Für den Fall, dass die Asset- und Finanzierungsliquidität beide zum selben Zeitpunkt gering sind, beträgt der berechnete Mittelwert der COUNT8-Variable 4,33. Im Vergleich dazu beträgt der Mittelwert nur 0,7, wenn die Asset- und Finanzierungsliquidität zum selben Zeitpunkt hoch bzw. normal sind. Dieser Vergleich zeigt, dass Hedgefonds-Styles dann eine schlechte Performance aufweisen, wenn zur gleichen Zeit die Asset- und Finanzierungsliquidität gering sind, was die individuelle Bedeutung dieser beiden Kanäle der „Contagion" unterstreicht.[330]

3.4.2 Poisson-Regression

Die univariaten Ergebnisse für die COUNT8-Variable des vorherigen Kapitels können anstatt durch die Existenz einer „Contagion" auch lediglich durch eine Korrelation erklärt werden. Damit sichergestellt wird, dass eine „Contagion" der Grund für die Ergebnisse ist, müssen weitere Risikofaktoren geprüft werden, indem eine Poisson-Regression herangezogen wird.[331]

Eine solche Poisson-Regression ist generell ein lineares Modell mit einer Log-Link-Function und Poisson-verteilten Fehlern. Dabei wird innerhalb des Modells eine Poisson-Verteilung einer COUNT-Reaktions-Variablen Y zugemessen.[332] Der erwartete Wert der Poisson-Verteilung hängt von einer Prädiktor-Variable x folgendermaßen ab: $\text{LogE}[Y_t|x_t] = \beta x_t$, wobei x_t ein Vektor der Regression während einer gegebenen Zeitperiode t ist und Y_t die Anzahl der beobachteten Ereignisse (COUNT8) während der Zeitperiode t darstellt. Für den Fall, dass Y unabhängige Beobachtungen mit dazugehörigen Werten x der Prädiktor-Variable darstellt, kann β durch die maximale Wahrscheinlichkeit geschätzt werden, jedoch nur dann, wenn mindestens zwei Werte für x eindeutig sind.[333]

---

[330] Vgl. Boyson/Stahel/Stulz (2008): S.21.
[331] Vgl. Boyson/Stahel/Stulz (2008): S.22.
[332] Vgl. Die Poisson-Regression ist besonders geeignet, wenn Daten über die Anzahl seltener Ereignisse, die während einer Zeitperiode t auftreten, analysiert werden sollen, d.h., sie ist ebenfalls besonders geeignet zur Analyse von seltenen „Contagion"-Ereignissen. Ein weiterer Vorteil der Poisson-Regression entsteht durch die Tatsache, dass sie das ganzzahlige Merkmal der beobachteten Anzahl der Ereignisse direkt behandelt und auch dann gut funktioniert, wenn die Anzahl der möglichen Ergebnisse klein ist. Die Poisson-Regression wurde zeitweise bei Finanzanwendungen genutzt, bspw. von Hausmann/Hall/Griliches (1981), die mit ihrer Hilfe die Beziehungen zwischen dem Unternehmensbereich F&E und Patentanträgen untersuchen. Zu nennen sind ebenfalls Hermalin/Weisbach (1988) und Lerner (1995). Im Rahmen dieser beiden Forschungen wird eine Poisson-Regression angewendet, um den Zugang und Abgang von Vorstandsmitgliedern nach einem Wechsel eines Geschäftsführers bzw. Vorstandsvorsitzenden zu untersuchen. Vgl. Hausman/Hall/Griliches (1981): S.2, Hermalin/Weisbach (1988): S.595-602, Lerner (1995): S.310 und Boyson/Stahel/Stulz (2008): S.22.
[333] Vgl. Boyson/Stahel/Stulz (2008): S.22.

Um den Einfluss, den Liquiditätsstellvertreter (Kanäle der „Contagion“) auf die „Contagion“ der Hedgefonds haben, zu zeigen, werden fortlaufende Schätzungen und Indikator-Schätzungen der sechs Liquiditätsstellvertreter separat in die Regression eingebunden. Dabei ist die COUNT8-Variable die abhängige Variable.[334] Die Liquiditäts-Dummy-Variablen werden dann für jeden Liquiditätsstellvertreter gleich Eins gesetzt, wenn sich die jeweilige Variable im unteren Quartil der Liquiditätsmessung befindet. Sie werden gleich Null gesetzt, wenn es sich genau gegensätzlich dazu verhält.[335] Dabei zeigt ein signifikant positiver Wert, dass der Liquiditätsstellvertreter mit einem Anstieg der „Contagion“ im Hedgefonds-Sektor in Verbindung gebracht werden kann. Ergänzend werden auch die bereits genutzten Kontroll-Variablen (siehe Kapitel 3.2.1) mit einbezogen. Die grundlegende Spezifikation der Poisson-Wahrscheinlichkeit ist dabei gegeben durch:[336]

$$\Pr(Y_t = n_t | x_t) = \frac{e^{-\exp(\beta x_t)} \exp(\beta_i x_t)^{n_t}}{n_t!} \quad (37)$$

In dieser monatlichen Analyse stellt Y die COUNT8-Variable dar, t ist der Monat und $n_t \in \{0, \dots, 8\}$ basiert auf der Realisierung der COUNT8-Variable während des Monats t. Der Mittelwert von Y ($\exp(\beta x_t)$) hängt vom Vektor der explanativen Variable x_t ab, wobei die exponentielle Funktion sicherstellt, dass die Ergebnisse nicht negativ werden. Das Modell wird dann geschätzt, indem die maximale Wahrscheinlichkeit mit einer Log-Likelihood-Function berechnet wird. Ein Nachweis der Integrität einer passenden Berechnung ist das Pseudo-R^2 von McFadden (1974).[337]

Die Ergebnisse dieses Verfahrens werden in der Tabelle in *Anhang 38* dargestellt.[338] Es werden sieben Regressions-Spezifikationen gezeigt, wobei die ersten sechs Spezifikationen jeden Liquidität-Stellvertreter gesondert zeigen und die letzte Spezifikation alle Liquiditäts-

---

[334] Für die Variable FLOW werden sowohl der kontemporäre, als auch der um einen Monat vorweggehende Nettofluss eingebunden. Vgl. Boyson/Stahel/Stulz (2008): S.22.

[335] An dieser Stelle kommt der Hinweis, dass ein bedeutender Unterschied zwischen dieser Methode und der Methode, deren Ergebnisse in der Tabelle in *Anhang 37* dargestellt werden, existiert. In der jetzigen Methode wird eine Einteilung in Quartile, anstatt in Dezile, vorgenommen. Eine Einteilung in Dezile in bei der jetzigen multivariaten Konfiguration würde eine Multikollinearität der Regression zur Folge haben. Vgl. Boyson/Stahel/Stulz (2008): S.23.

[336] Vgl. Boyson/Stahel/Stulz (2008): S.23.

[337] Vgl. Boyson/Stahel/Stulz (2008): S.23.

[338] In Anlehnung an die vorangegangenen Forschungen von McCullagh (1983) und McCullagh/Nelder (1989) wird eine Overdispersion eingeräumt, damit das Defizit, dass bei einer Standard-Poisson-Methode der Mittelwert und die Varianz gleich sind, beseitigt wird. Die benötigten Parameter und Standardfehler werden berechnet, indem eine Quasi-Wahrscheinlichkeits-Funktion angewendet wird. Die Variablen werden mit Ausnahme der Indikator-Variablen in einem AR-GARCH-Prozess standardisiert um Autokorrelationen und die Clusterbildung der Volatilität zu filtern. Vgl. Boyson/Stahel/Stulz (2008): S.23. Eine spätere Forschung von Boyson/Stahel/Stulz (forthcoming) zeigen, dass die Liquiditätstellvertreter nach einer analogen Filterung keine statistisch signifikante Korrelation aufweisen. Vgl. Boyson/Stahel/Stulz (forthcoming): S.16f. und S.45.

stellvertreter gemeinsam umfasst. Aufgrund der Tatsache, dass der Dummy dann gleich Eins gesetzt wird, wenn die Märkte illiquide sind, zeigt ein signifikant positiver Koeffizient der Dummy-Variable, dass diese Variable die Wahrscheinlichkeit einer „Contagion" im Hedgefonds-Sektor erhöht.[339]

Bei der Betrachtung der gesonderten Spezifikation wird deutlich, dass lediglich vier der sechs Liquiditätsstellvertreter statistisch signifikant sind. PBI und STKLIQ sind bei einem einprozentigen Niveau statistisch signifikant, FLOW_{t+1} bei einem fünfprozentigen Niveau und CRSPRD bei einem zehnprozentigen Niveau. Grundsätzlich stimmen diese Ergebnisse mit den Ergebnissen des univariaten Testes (siehe *Anhang 37*) überein, jedoch sind – durch die Ergänzung einer Kontroll-Variable – BANK und REPO, in Bezug auf die Erklärung einer „Contagion" nicht mehr signifikant. Andererseits sind die vorliegenden multivariaten Ergebnisse für FLOW_{t+1} und CRSPRD stärker als die vorherigen univariaten Ergebnisse. Es bleiben weiterhin dieselben Liquiditätsstellvertreter relevant.[340]

Die Betrachtung der gemeinsamen Spezifikation zeigt, dass STKLIQ, d.h. eine für die Assetliquidität stellvertretende Variable, statistisch gesehen am signifikantesten ist. Es folgt PBI, stellvertretend für die Finanzierungsliquidität. Zu erkennen ist auch, dass CRSPRD und FLOW_{t+1} nicht mehr statistisch nicht mehr von Bedeutung sind.[341] Eine Kombination der Ergebnisse der Tabellen in *Anhang 37* und *Anhang 38* zeigt deutliche Evidenzen für die Annahme, dass Asset- und Finanzierungsliquidität Kanäle sind, über die eine „Contagion" erfolgt, m.a.W., dass die Existenz einer „Contagion" äußerst wahrscheinlich ist, wenn die Assetliquidität und Finanzierungsliquidität niedrig sind.[342,343,344]

---

339 Vgl. Boyson/Stahel/Stulz (2008): S.23.
340 Vgl. Boyson/Stahel/Stulz (2008): S.23f.
341 Vgl. CRSPRD und FLOW_{t+1} sind zwar bei einem elfprozentigen Niveau statistisch signifikant, jedoch nicht bei einem der üblichen Niveaus. Vgl. Boyson/Stahel/Stulz (2008): S.24.
342 Die Ergebnisse stimmen demnach mit dem im Kapitel 3.3 erläuterten Modell der Liquidity-Spirals und ebenfalls mit dem Phase-Locking-Verhalten (ungewöhnlich hohe Korrelation während Perioden mit einer „Contagion"), welches von Chan et al. (2007) untersucht wird, überein. Vgl. Chan et al. (2007): S.243-247.
343 Die gesamte Analyse wird zur Kontrolle der Ergebnisse mit Daten aus dem CSFB/Tremont Index anstelle der Daten aus der HFR-Datenbank wiederholt. Die daraus resultierenden Ergebnisse stimmen mit den Ergebnissen der vorherigen Analyse überein. Vgl. Boyson/Stahel/Stulz (2008): S.24.
344 Vgl. Boyson/Stahel/Stulz (2008): S.24.

3.5 Zwischenergebnis

In den vorangegangenen Abschnitten wurden die Assetliquidität und die Finanzierungsliquidität als mögliche Kanäle der „Contagion" identifiziert, d.h. ihre entscheidende Rolle, bestätigt. Es wurde nachgewiesen, dass die „Contagion" im relevanten Zeitraum signifikant hoch war.[345] Außerdem wurde mit Hilfe des Modells der Liquidity-Spirals eine Interaktion zwischen der Asset- und Finanzierungsliquidität erklärt. Es stellt sich aber weiterhin die Frage inwieweit diese Interaktion auf die aktuelle Problematik angewendet werden kann.

Bezogen auf Hedgefonds und in Verbindung mit dem Modell von Brunnermeier/Pedersen (2009) lässt sich diesbezüglich folgendes sagen: Verschiedene Auftraggeber erfahren Nachfrageschocks und es kann vorkommen, dass sie sequentiell in den Markt eintreten (siehe Kapitel 3.3.1). Ein solcher Fall erzeugt temporäre Ungleichgewichte in der Reihenfolge von Käufern und Verkäufern. Indem Spekulanten – insbesondere Hedgefonds – Liquidität zur Verfügung stellen, können resultierende Preisfluktuationen ausgeglichen werden. Damit Hedgefonds den Markt mit Liquidität versorgen können, müssen sie ihre Trades durch besicherte Kreditnahmen von Geldgebern finanzieren. Diese Geldgeber setzten dabei zur Besicherung eine Margin, um so ihren VaR zu regulieren.[346]

Ein Anstieg der Margins und/oder ein Niedergang der Preise der gehaltenen Assets können beide ein Grund dafür sein, dass die Finanzierungsliquidität der Hedgefonds sinkt. Folgender exemplarischer Ablauf soll dies verdeutlichen: Ein Liquiditätsschock kann dazu führen, dass die Geldgeber die geforderten Margins erhöhen (Margin-Call), was wiederum dazu führt, dass die Finanzierungsliquidität der Hedgefonds sinkt. Hedgefonds sind nun nicht mehr im Stande alle ihre Positionen zu finanzieren und müssen ihren Leverage reduzieren. Dies führt dazu, dass sie den Markt mit weniger Liquidität versorgen, d.h., dass die Marktliquidität sinkt und der Leverage weiter reduziert werden muss. Es kommt zu einer Margin-Spiral. Durch die geringere Versorgung mit Liquidität werden die Preise der zu verkaufenden Assets beeinflusst, denn aufgrund des Preisdruckes fallen die Preise, sodass Hedgefonds durch Mark-to-Market-Verluste dazu gezwungen sind, einen Teil ihrer Assets zu liquidieren. Daraus resultierende Verluste führen zu weiteren Liquidierungen, welche wiederum den Preisdruck verstärken usw.

---

[345] In einer aktuellen Forschung Boyson/Stahel/Stulz (forthcoming) wird die „Contagion" ebenfalls untersucht, jedoch werden andere (aber ähnliche) Modelle zur Filterung der Autokorrelation genutzt. Die Ergebnisse stimmen mit der vorangegangenen Forschung Boyson/Stahel/Stulz (2008) nahezu überein. Vgl. Boyson/Stahel/Stulz (forthcoming): S.25f.

[346] Brunnermeier/Pedersen (2009): S.1.

Außerdem kann der Wertverlust der gehaltenen Positionen zu weiteren Margin-Calls führen. Die Margins sind nun jedoch bedeutet höher, was wiederum zu einer Reduzierung des Leverages in einem schwachen Markt führt. Beide Sachverhalte führen zu einer Loss-Spiral. Als ein Resultat verringern sich die Asset- und Finanzierungsliquidität.[347]

In diesem Zusammenhang zeigen Adrian/Shin (2008b) empirisch, dass Märkte, die nicht perfekt liquide sind, dazu führen können, dass ein größeres Angebot nach Assets die Preise der Assets nach unten drückt. Daraus kann ein Feedback-Effect folgen: Der gesunkene Preis der Assets führt zu einer Schwächung der Bilanz[348], was wiederum zu einer Liquidierung von Assets führt. Als Folge steigt das Angebot an Assets weiter und der Preisdruck verstärkt sich.[349] Außerdem wird gezeigt, dass sich der Leverage bei Finanzintermediären prozyklisch verhält, d.h., dass er ist hoch, wenn die Anzahl der totalen Assets ebenfalls hoch ist.[350] Werden nun Assets liquidiert, sinkt gemäß dieser Prozyklität der Leverage.[351] Diese Ergebnisse ordnen sich gut in den beschriebenen Ablauf der Liquidity-Spirals ein und zeigen, wie anfällig Hedgefonds gegen Preisfluktuationen bei Assets sind.

Die Finanzierungsliquidität der Spekulanten ist eine treibende Kraft, die zu Liquidity-Spirals führen kann. Dabei kann eine Reduzierung der Finanzierungsliquidität abhängig von Hedgefonds, aber selbstverständlich auch unabhängig von Hedgefonds auftreten. Gründe für die Reduzierung können z.B. ein unerwarteter Anstieg des Risikos der Finanzmärkte, oder eine Verschärfung der regulatorischen Rahmenbedingungen sein.[352] Damit Verluste in einem Hedgefonds-Style zu einer Reduzierung der Finanzierungsliquidität führen, müssen diese Verluste direkt die Geldgeber der Hedgefonds bzw. deren Bereitschaft Gelder an Hedgefonds zu verleihen, beeinflussen. Die wichtigsten Versorger sind dabei die sog. Prime-Broker[353], die durch Verluste der Hedgefonds negativ beeinträchtigt werden können.[354]

---

[347] Vgl. Boyson/Stahel/Stulz (2008): S.16f. und Boyson/Stahel/Stulz (forthcoming): S.14f.

[348] Bei Hedgefonds ergibt sich die Bilanzsumme aus der AUM multipliziert mit dem Leverage. Sie ist im Zeitraum 1990 bis 2007 stark angestiegen, was für die gestiegene Bedeutung von Hedgefonds innerhalb des gesamten Finanzsektors spricht. Vgl. Adrian/Shin (2008b): S.12f.

[349] Vgl. Adrian/Shin (2008b): S.10f.

[350] Dieses Ergebnis wird deutlich wenn man die die Entwicklung der AUM (siehe Kapitel 1.1.2) und die Entwicklung des Leverage (siehe Kapitel 1.2.1) betrachtet, denn beide sind in dem untersuchten Zeitraum gleichzeitig stark angestiegen.

[351] Vgl. Adrian/Shin (2008b): S.14.

[352] Vgl. Boyson/Stahel/Stulz (2008): S.6.

[353] Prime-Broker stellen ihren Hedgefonds-Kunden vormundschaftliche Dienste und Finanzierungs-Dienste zur Verfügung und vergeben an sie besicherte Fremdfinanzierungen, welche eine der wichtigsten Grundlagen für den Leverage der Hedgefonds darstellen. Vgl. Aragon/Strahan (2009): S.2 und Brunnermeier/Pedersen(2009): S.8. Eine detaillierte Erläuterung der Rolle von Prime-Broker für Hedgefonds (anhand eines empirischen Beispiels) ist in Aragon/Strahan (2009): S.5-7 nachzulesen.

[354] Vgl. Boyson/Stahel/Stulz (2008): S.17.

Folgende Überlegungen bestätigen diesen Sachverhalt und beschreiben mögliche Gründe für eine negative Beeinträchtigung: Zum einen verfolgen Prime-Broker, ebenso wie Banken, dieselbe Proprietary-Trading-Strategie, denen auch Hedgefonds folgen.[355] Das lässt erwarten, dass sie häufig die gleichen Trades wie Hedgefonds tätigen, was zu analogen Verlusten führt.[356] Zum anderen sind Hedgefonds Schuldner der Prime-Broker. Hohe Verluste der Hedgefonds können zu einer Erhöhung der Kreditausfälle führen, obwohl die daraus resultierenden Verluste für die Prime-Broker durch eine umfangreiche Besicherung der Kreditgeschäfte beschränkt werden können. Hohe Verluste für Hedgefonds können aber auch bedeuten, dass sie dazu gezwungen sind ihre Handelsaktivität zu reduzieren, was wiederum dazu führen kann, dass sich die Erträge der Prime-Broker verringern. Demzufolge könnten die Prime-Broker gezwungen sein ihre Kreditvergaben zu mindern, was letztendlich zu einem Rückgang der Finanzierungsliquidität im Hedgefonds-Sektor führt.[357,358]

Die Studie von Aragon/Strahan (2009) zeigt empirisch, dass Verluste eines Prime-Brokers dazu führen können, dass Hedgefonds mit drastischen Rückgängen der Finanzierungsliquidität konfrontiert werden. Im Rahmen dieser Studie wird der Konkurs der Lehman Brothers Holding Inc., einem der damalig wichtigsten Prime-Broker, am 15. September 2008 untersucht. Es wird empirisch gezeigt, dass Hedgefonds, die Lehman Brothers als ihren Prime-Broker nutzten nach dem Konkurs - relativ zu ihrer vorherigen Entwicklung - doppelt so oft ausfielen wie andere Hedgefonds, die einen anderen Prime-Broker hatten. Der Konkurs von Lehman Brothers war demnach ein exogener Schock auf die Finanzierungsliquidität der Hedgefonds, die nicht mehr in der Lage waren ihre Positionen zu finanzieren.[359,360]

Außerdem wird im Rahmen der Studie getestet, inwiefern Hedgefonds die Marktliquidität beeinflussen. Es wird empirisch gezeigt, dass die betroffenen Hedgefonds nach dem Konkurs weniger Liquidität zur Verfügung gestellt haben und folglich die Marktliquidität gesunken ist. Die Untersuchung des Konkurses der Lehman Brothers Holding Inc. ist somit eine empirische

---

[355] Chan et al. (2007) machen auf dieses Phänomen im Zusammenhang mit Banken aufmerksam und führen es an um eine beobachtete, nichtlineare Abhängigkeit zwischen den Renditen von Hedgefonds und den Renditen von Banken zu erklären. Vgl. Chan et al. (2007): S.323f.

[356] Bspw. verzeichnete die Investmentbank Morgan Stanley im Monat August 2007 ebenfalls einen enormen Verlust i.H.v. 480 Mio. USD durch Proprietary-Trading-Strategien, da viele Hedgefonds gravierende Verluste erlitten haben. Vgl. Boyson/Stahel/Stulz (2008): S.17.

[357] Diese Überlegung stimmt mit der Tatsache überein, dass der Liquiditätsstellvertreter PBI – neben STKQL – den stärksten „Contagion"-Kanal darstellt. Vgl. Boyson/Stahel/Stulz (2008): S.27.

[358] Vgl. Boyson/Stahel/Stulz (2008): S.17.

[359] Liu/Mello (2009) zeigen theoretisch, dass bereits der Verdacht eines solchen Schocks zu Problemen bei Hedgefonds führen kann. Vgl. Liu/Mello (2009): S.35.

[360] Vgl. Aragon/Strahan (2009): S.10-13 und S.25.

Evidenz für die Annahme, dass ein Niedergang der Finanzierungsliquidität (exogener Schock) einen Niedergang der Marktliquidität zur Folge hat (Liquidity-Spirals).[361]

Abschließend lässt sich sagen, dass die gemessene „Contagion" im Hedgefonds-Sektor durch eine niedrige Asset- und Finanzierungsliquidität erklärt werden kann und der beschriebene Ablauf eine plausible Antwort auf die Frage, was genau in der zweiten Augustwoche 2007 passiert ist, darstellt. Bezogen auf die „Unwind-Hypothesis" unterstützt die gezeigte „Contagion" ihren Wahrheitsgehalt.

---

[361] Vgl. Aragon/Strahan (2009): S.20f. und S.25.

Fazit

Mit Hilfe der herausgearbeiteten Evidenzen ist es nun möglich einen Erklärungsversuch der Ereignisse der zweiten Augustwoche 2007 zu unternehmen, indem die gesammelten Ergebnisse direkt auf die Aussagen der „Unwind-Hypothesis“ reflektiert werden. Unterstützend wird das Diagramm in *Anhang 39* als realitätsnahe Visualisierung der Ereignisse herangezogen. Folgender Ablauf erscheint angesichts der Evidenzen plausibel:

Vorangegangene Ereignisse führten zu Schwierigkeiten bei einem wichtigen Finanzintermediär (Prime-Broker) [362] . Die Verschlechterung der wirtschaftlichen Lage dieses Prime-Brokers wirkte – über den Mechanismus Margin-Calls - wie ein exogener Schock auf die Finanzierungsliquidität eines Multi-Strategy-Fonds (bzw. Proprietary-Trading-Desks), welcher nicht mehr in der Lage war all seine Positionen zu finanzieren. Assets, die nicht mehr finanziert werden konnten sowie sog. Toxic-Assets (gemäß der Hypothese hatte dieser Fond ein Exposure zu Subprime-Produkten) wurden als Folge dessen umfangreich liquidiert.

Aufgrund dieser o.e. Liquidierungen wurden weiterhin die Liquidierungen von quantitativen Equity-Market-Neutral-Portfolios erzwungen, welche im Diagramm deutlich werden. Equity-Market-Neutral-Portfolios erlitten am 6. und 7. August 2007 signifikante Verluste,[363] wobei sich Hedgefonds anderer Strategien unauffällig entwickelten (I).[364]

Als Folge der erlittenen Verluste waren Equity-Market-Neutral-Portfolios, die - anders als traditionelle Market-Maker - keinerlei Verpflichtung hatten Liquidität zur Verfügung zu stellen, gezwungen ihr Risikoexposure am 8. bzw. 9. August 2007 zu reduzieren, was bedeutete, dass sie den Markt weniger bzw. überhaupt nicht mehr mit Liquidität versorgten. Damit ging der stabilisierende Einfluss ihrer Handelsaktivität verloren und die Marktliquidität brach stark ein, was zu weiteren Reduzierungen des Leverages bzw. erneuten Liquidierungen und zu steigenden Verlusten führte. Der Preisdruck, resultierend aus einer geringeren Versorgung mit Marktliquidität seitens der Equity-Market-Neutral-Portfolios, war nun groß genug um die Preise der Assets nach unten zu drücken, was zu weiteren Verlusten und zu neuen Margin-Calls führte. Schließlich war die Marktliquidität am Ende des 9. August 2007 - als

[362] Hypothese: In Anlehnung an die Forschung von Aragon/Strahan (2009) könnte dieser Prime-Broker Lehman Brothers Holding Inc. gewesen sein. Aus zeitlichen Gesichtspunkten ergibt diese Annahme Sinn.

[363] Der Preisdruck durch die Entwicklung des „Common-Factor“ war zu diesem Zeitpunkt stark genug um idiosynkratrische Liquiditätsschocks, die zu einer Mean-Reversion führen, zu überwinden (**Proposition (A)**).

[364] Bereits am 1. August 2007 waren anormale Entwicklungen bei Long/Short-Equity-Portfolios zu erkennen, wobei sich der Markt im Laufe des Tages wieder erholte. Vgl. Khandani/Lo (2008): S.39.

Folge dieses beschriebenen Ablaufs (Liquidity-Spirals) - „ausgetrocknet“, wie es - in Anlehnung an Khandani/Lo (2007 und 2008) – in Kapitel 2 empirisch gezeigt wurde. Auch die Finanzierungsliquidität der Hedgefonds brach bedenklich ein.

Am 8. und 9. August 2007 erlitten jedoch nicht nur Equity-Market-Neutral-Portfolios, sondern auch Portfolios der Strategien Event-Driven, Global-Macro, Equity-Hedge und Merger-Arbitrage signifikant starke Verluste (II).[365] Eine - in Anlehnung an die Studien Boyson/Stahel/Stulz (2008 und forthcoming) – in Kapitel 3 gezeigte Existenz einer hohen „Contagion“ während des Monats August 2007 lässt darauf schließen, dass diese unabhängigen Portfolios von den o.e. Liquidity-Spirals gleichermaßen betroffen waren, d.h., dass dort die Erklärung dieser Verluste liegt. Die desaströsen Verluste vieler unabhängiger Hedgefonds waren demnach die Folge einer „Austrocknung“ der Markt- und Finanzierungsliquidität.[366] Am 10. August 2007 erholten sich die Portfolios aller Strategien, insbesondere die Equity-Market-Neutral-Portfolios (III). Dies lässt darauf schließen, dass neue Liquidität in den Markt floss, was neue Handelsaktivitäten ermöglichte.[367] Realisierbare Gewinne kamen jedoch zu spät, denn die meisten Hedgefonds hatten ihren Leverage bereits umfangreich reduziert, sodass die erwirtschafteten Renditen nicht auf ein Niveau gehebelt werden konnten, das ausgereicht hätte um die vorherigen Verluste wieder auszugleichen.

Die Ergebnisse des vorliegenden Buches - insbesondere der kurzfristige Preiseinfluss - zeigen, dass die Ereignisse in der zweiten Augustwoche 2007 nicht auf ein fundmentales bzw. langfristiges Versagen der zugrundeliegenden Hedgefonds-Strategien zurückzuführen ist, sondern ein exogener Risikofaktor, in dem Fall die Liquidität zu den desaströsen Ereignissen führte. Diese Tatsache unterstreicht den systematischen Charakter der Liquidität, was in diesem Zusammenhang darauf hindeutet, dass das systemische Risiko von Hedgefonds gestiegen ist, wie von führenden Forschern in der Vergangenheit bereits befürchtet wurde.[368,369] An dieser Stelle stellt sich nun die Frage nach der Konsequenz für Hedgefonds:

---

[365] Aufgrund der umfangreichen Verluste vieler Strategien werden die Ereignisse des 8. und 9. August 2007 in der Finanzliteratur auch als Quant-Meltdown bezeichnet. An diesen Tagen erleidet auch eine simulierte „Contrarian-Strategy“ große Verluste, egal auf welche Aktienunterteilung (bspw. Faktor-Portfolios) sie angewendet wurde. Vgl. Khandani/Lo (2008): S.41.

[366] Boyson/Stahel/Stulz (Forthcoming) finden eine leichte empirische Evidenz für die Annahme, dass große Liquiditätsschocks die Ursache einer „Contagion“ sein können. Vgl. Boyson/Stahel/Stulz (Forthcoming): S.17-23. Der in Kapitel 2.3 gezeigte Einbruch der Marktliquidität in der zweiten Augustwoche 2007 war höchstwahrscheinlich ein solcher, ausreichend großer Liquiditätsschock.

[367] Vgl. Khandani/Lo (2008): S.41.

[368] Eine andere plausible Folgerung ist die Existenz neuer Hedgefonds-Betas. Vgl. Hasanhodzic/Lo (2007): S.39.

[369] Vgl. Chan et al. (2007): S. 323f. und Khandani/Lo (2008): S.45.

Die Ereignisse der zweiten Augustwoche 2007 berechtigen Kritik an Hedgefonds, dennoch sollte nicht vergessen werden, dass der Hedgefonds einem Wirtschaftssystem u.a. durch die Versorgung mit Liquidität und durch die Korrektur einer Fehlbewertung der Preise enormen Nutzen bringt. Diesem Nutzen steht jedoch das gestiegene systemische Risiko - in Form einer Gefahr eines Vakuums bei der Liquiditätsversorgung, Counterparty-Risk sowie Liquidity-Spirals - gegenüber (negative externe Effekte); die Frage ist demnach, ob die Vorteile die Nachteile überwiegen? Um diese Frage beantworten zu können, müsste eine exakte Berechnung des systemischen Risikos von Hedgefonds zur Verfügung stehen. Angesicht der fehlenden Transparenz von Hedgefonds ist eine solche Messung jedoch unmöglich und es muss auf indirekte Ermittlungen (bspw. die von Chan et al. (2007)) zurückgegriffen werden.

Eine oft diskutierte Problemlösung ist die Forderung nach mehr Transparenz der Hedgefonds, damit Regulatoren mit Hilfe der offengelegten Informationen über AUM, Größe der Assets, den genutzten Leverage usw. das potentielle systemische Risiko genau berechnen bzw. handhaben können und Investoren Entscheidung aufgrund exakter Informationen treffen können.[370] Eine solche Regulierung könnte zwar negative externe Effekte begrenzen, aber es besteht die Gefahr, dass sie ebenfalls die positiven Fähigkeiten (bspw. Liquiditätsversorgung) eines Hedgefonds begrenzt, daher muss eine mögliche Regulierung wohl überlegt sein. Getmansky/Lo/Mei (2004) weisen darauf hin, dass Hedgefonds zu komplex und unterschiedlich sind um eine effektive Regulierung für alle Hedgefonds zu gewährleisten und schlagen das Capital-Markets-Safety-Board (CMSB) vor. Das CMSB sammelt, ähnlich wie das NTSB, Informationen über relevante Ereignisse im Finanzsektor (bspw. den Quant-Meltdown) und ermöglicht auf Basis dieser Informationen eine effektive Bestimmung des systemischen Risikos und sinnvolle Regulierungen.[371,372]

Die zusammengetragenen Evidenzen des vorliegenden Buches haben gezeigt, welche entscheidende Rolle Hedgefonds in der Finanzkrise gespielt haben und dass dringender Handlungsbedarf besteht. Zukünftige Handlungen, m.a.W. Regulierungen sollten jedoch gut

---

[370] In diesem Zusammenhang sollte erwähnt werden, dass eine Hedgefonds-Registrierung, das Fair-Value-Accounting (in Perioden wenn Liquidität knapp ist) und das Berichtsformular Form 13F der SEC in Bezug auf die Regulierung von Hedgefonds unzureichend bzw. ungeeignet sind. Vgl. Getmansky (2004): S.30, Plantin/Sapra/Shin (2008): S.456-458 und Brown et al. (2009): S.172.

[371] Pedersen (2009) weist darauf hin, dass Investoren ebenfalls zukünftig ihre Asset- und Finanzierungsliquidität effektiver managen müssen. Vgl. Pedersen (2009): S.16. Weitere plausible Lösungsansätze - bezüglich der Vermeidung eines zukünftigen Quant-Meltdowns (Liquiditätskrise) - sind u.a. die Vergütung bei der Übernahme von Liquiditätsrisiken bzw. die Integration solcher Risiken in Pricing-Modelle (siehe dazu Acharya/Pedersen (2005) und Garleanu/Pedersen (2009)) und geforderte intensive Interventionen der Zentralbanken, bspw. durch sog. „Haircuts" (Margin-Anforderungen) und/oder Interest-Rates (siehe dazu u.a. Acharya et al. (2009) und Ashcraft/Garleanu/Pedersen (forthcoming)).

[372] Vgl. Getmansky/Lo/Mei (2004): S.31f. und Lo (2008b): S.19.

durchdacht werden, damit lediglich negative externe Effekte eingedämmt bzw. vermieden werden, jedoch der Nutzen, den ein Hedgefonds stiftet, nicht eingeschränkt wird.

Literaturverzeichnis

Acharya, Viral V. / Pedersen, Lasse H. (2005): „Asset Pricing with Liquidity Risk", *Journal of Financial Economics 77, Nr.2, S.375-410.*

Acharya, Viral V. / Pedersen, Lasse H. / Philippon, Thomas / Richardson, Matthew (2009): „Regulating Systematic Risk", *in Acharya, Viral V. / Richardson, Matthew [Hrsg.] (2009): „Restoring Financial Stability: How to Repair a Failed System", S.283-303.*

Acharya, Viral V. / Richardson, Matthew (2009): „Restoring Financial Stability: How to Repair a Failed System", *Wiley Finance Series.*

Acharya, Viral V. / Schaefer, Steven M. / Zhang, Yili (2007): „Liquidity Risk and Correlation Risk: A Clinical Study of the General Motors and Ford Downgrade of May 2005", *CEPR Discussion Paper 6619.*

Ackermann, Carl / McEnally, Richard / Ravenscraft, David (1999): „The Performance of Hedge-Funds: Risk, Return and Incentives", *Journal of Finance 54, Nr.3, S. 833-874.*

Admati, Anat R. / Pfleiderer, Paul (1991): „Sunshine Trading and Financial Market Equilibrium", *Review of Financial Studies 4, Nr.3, S.443-481.*

Adrian, Tobias / Brunnermeier, Markus K. (2008): „Hedge Fund Fat Tail Risk", *Working Paper.*

Adrian, Tobias / Fleming, Michael F. (2005): „What Financing Data Reveal about Dealer Leverage", *Current Issues in Economics and Finance 11, Nr.3, S.1-7.*

Adrian, Tobias / Shin, Hyun Song (2008a): „Liquidity and Financial Contagion", *Financial Stability Review - Special Issue on Liquidity (Banque de France) 11, S.1-7.*

Adrian, Tobias / Shin, Hyun Song (2008b): „Liquidity and Leverage", *FRBNY Staff Report 328.*

Agarwal, Vikas / Fung, William H. / Loon, Yee Cheng / Naik, Narayan Y. (2007): „Liquidity Provision in the Convertible Bond Market: Analysis of Convertible Arbitrage Hedge Funds", *CFR Working Paper 04-03.*

Agarwal, Vikas / Naik, Narayan Y. (2000a): „Generalized Style Analysis of Hedge Funds", *Journal of Asset Management 1, Nr.1, S.93-109.*

Agarwal, Vikas / Naik, Narayan Y. (2000b): „Multi-Period Performance Persistence Analysis of Hedge Funds Source", *Journal of Financial and Quantitative Analysis 35, Nr.3, S. 327-342.*

Agarwal, Vikas / Naik, Narayan Y. (2004): „Risk and Portfolio Decisions Involving Hedge Funds", *The Review of Financial Studies 17, Nr.1, S.63-98.*

Agarwal, Vikas / Naik, Narayan Y. (2005): „Hedge Funds (Foundations and Trends in Finance)", *Now Publishers Inc.*

Aitken, Michael / Frino, Alex (1996): „The Accuracy of the Tick Test: Evidence from the Australian Stock Exchange", *Journal of Banking and Finance 20, S.1715-1729.*

Albert A. / Anderson J. A. (1984): „On the Existence of Maximum Likelihood Estimates

in Logistic Regression Models", *Biometrika 71, Nr.1, S.1-10.*

Allen, Franklin / Gale, Douglas (2000): „Financial Contagion", *Journal of Political Economy 108, Nr. 1, S.1-33.*

Allen, Franklin / Gale, Douglas (2005): „Financial Fragility, Liquidity and Asset Prices", *NYU Working Paper S-FI-03-07.*

Amihud, Yakov (2002): „Illiquidity and Stock Returns: Cross-Section and Time-Series Effects", *Journal of Financial Markets 5, S.31-56.*

Amihud, Yakov / Mendelson, Haim (1986): „Asset Pricing and the Bid-Ask Spread", *Journal of Financial Economics 17, S.223-249.*

Amihud, Yakov / Mendelson, Haim / Pedersen, Lasse H. (2005): „Liquidity and Asset Pricing", *Foundation of Trends in Finance 1, Nr. 4, S.269-364.*

Anand, Amber / Weaver, Daniel G. (2006): „The Value of the Specialist: Empirical Evidence from the CBOE", *Journal of Financial Markets 9, S.100-118.*

Aragon, George O. / Strahan, Philip E. (2009): „Hedge Funds as Liquidity Providers: Evidence from the Lehman Bankruptcy", *NBER Working Paper 15336.*

Ashcraft, Adam / Garleanu, Nicolae / Pedersen, Lasse H. (forthcoming): „Two Monetary Tools: Interest Rates and Haircuts" *NBER Macroeconomics Annual (bedingt aufgenommen).*

Backhaus, Klaus / Erichson, Bernd / Plinke, Wulff / Weiber, Rolf (2008): „Multivariate Analysemethoden (12. Aufl.)", *Springer.*

Bae, Kee Hong / Karolyi, G. Andrew / Stulz, Rene M. (2000): „A New Approach to Measuring Financial Contagion", *NBER Working Paper 7913.*

Barberis, Nicholas / Shleifer, Andrei / Vishny, Robert W. (1997): „A Model of Investor Sentiment", *NBER Working Paper 5926.*

Bekaert, Geert / Campbell, Harvey R. / Ng, Angela (2003): „Market Integration and Contagion", *NBER Working Paper 9510.*

Benmelech, Efraim / Dlugosz, Jennifer (2009): „The Credit Rating Crisis", *NBER Working Paper 15045.*

Benveniste, Lawrence M. / Erdal, Sina M. / Wilhelm, William J. (1998): „Who benefits from Secondary Market Price Stabilization of IOPs", *Journal of Finance 22, Nr. 6-8, S.741-767.*

Bessembinder, Hendrik / Kaufman, Herbert M. (1997a): „A Cross-Exchange Comparison of Execution Costs and Information Flow for NYSE-Listed Stocks", *Journal of Economics 46, S.293-319.*

Bessembinder, Hendrik / Kaufman, Herbert M. (1997b): „Comparison of Trade Execution Costs for NYSE and NASDAQ-Listed Stocks", *Journal of Financial and Quantitative Analyses 32, Nr.3, S.287-310.*

Bookstaber, Richard M. (1999): „A Framework for Understanding", *in (kein Hrsg.) (1999): „Risk Management: Principles and Practice", S.7-19.*

Bookstaber, Richard M. (2000): „Understanding and Monitoring the Liquidity Crisis Cycle", *Financial Analysts Journal 56, Nr.5, S.17-22.*

Bookstaber, Richard M. (2007): „A Demon of Our Own Design: Markets, Hedge Funds, and the Perils of Financial Innovation", *Wiley Finance Series.*

Bordo, Michael D. (2008): „An Historical Perspective on the Crisis of 2007-2008", *NBER Working Paper 14569.*

Boss, Michael / Elsinger, Helmut / Summer, Martin / Thurner, Stefan (2004): „Network Topology of the Interbank Market", *Quantitative Finance 4, Nr.6, S.677-684.*

Bouchaud, Jean-Philippe / Farmer, J. Doyne / Lillo, Fabrizio (2008): „How Markets Slowly Digest Changes in Supply and Demand", *in Hens, Thorsten / Schenk-Hoppe, Klaus [Hrsg.] (2008): „Handbook of Financial Markets: Dynamics and Evolution", S.57-156.*

Boyson, Nicole M. / Stahel, Christof W. / Stulz, Rene M. (2006): „Is there a Hedge Fund Contagion?", *NBER Working Paper 12090.*

Boyson, Nicole M. / Stahel, Christof W. / Stulz, Rene M. (2008): „Hedge Fund Contagion and Liquidity", *NBER Working Paper 14068.*

Boyson, Nicole M. / Stahel, Christof W. / Stulz, Rene M. (forthcoming): „Hedge Fund Contagion and Liquidity Shocks", *Journal of Finance (bedingt aufgenommen).*

Brennan, Michael J. / Chordia, Tarun / Subrahmanyam, Avanidhar (1998): „Alternative Factor Specifications, Security Characteristics, and the Cross-Section of Expected Stock Returns", *Journal of Financial Economics 49, S.345-373.*

Brennan, Michael J. / Subrahmanyam, Avanidhar (1995): „Investment Analysis and Price Formation in Securities Markets", *Journal of Financial Economics 38, S.361-381.*

Brennan, Michael J. / Subrahmanyam, Avanidhar (1996): „Market Microstructure and Asset Pricing: On the Compensation for Illiquidity in Stock Returns", *Journal of Financial Economics 41, S.441-464.*

Brennan, Michael J. / Subrahmanyam, Avanidhar (1998): „The Determinants of Average Trade Size", *Journal of Business 71, Nr.1, S.1-25.*

Brennan, Michael J. / Tamarowski, Claudia (2000): „Investor Relations, Liquidity and Stock Prices", *Journal of Applied Corporate Finance 12, Nr.4, S.25-38.*

Brunnermeier, Markus K. (2008): „Deciphering the Liquidity and Credit Crunch 2007-08", *NBER Working Paper 14612.*

Brunnermeier, Markus K. / Nagel, Stefan / Pedersen, Lasse H. (2008): „Carry Trades and Currency Crashes", *NBER Working Paper 14473.*

Brunnermeier, Markus K. / Pedersen, Lasse H. (2005): „Predatory Trading", *Journal of Finance 60, Nr.4, 1825-1863.*

Brunnermeier, Markus K. / Pedersen, Lasse H. (2009): „Market Liquidity and Funding Liquidity", *Review of Financial Studies 22, Nr.6. S.2201-2238.*

Brown, Stephen J. / Kacperczyk Marcin / Ljungqvist, Alexander / Lynch, Anthony W. / Pedersen, Lasse H. / Richardson, Matthew (2009): „Hedge Funds in the Aftermath of the Financial Crisis, *in Acharya, Viral V. / Richardson, Matthew [Hrsg.] (2009): „Restoring Financial Stability: How to Repair a Failed System", S.157-178.*

Campbell, John Y. / Grossmann, Sanford J. / Wang, Jiang (1992): „Trading Volume and Serial Correlation in Stock Returns", *NBER Working Paper 4193.*

Cavallo, Michele / Tille, Cédric (2006): „Could Capital Gains Smooth a Current Account Rebalancing?", *FRBNY Staff Report 237.*

Chan, Nicholas / Getmansky, Mila / Haas, Shane M. / Lo, Andrew W. (2006): „Do Hedge Funds Increase Systemic Risk?", *Federal Reserve Bank of Atlanta Economic Review Q4, S.49-80.*

Chan, Nicholas / Getmansky, Mila / Haas, Shane M. / Lo, Andrew W. (2007): „Systemic Risk and Hedge Funds", *in Carey, Mark / Stulz, Rene M. [Hrsg.] (2007):„The Risk of Financial Institutions", S. 235-338.*

Chan, Louis K. C. / Jegadeesh, Narasimhan / Lakonishok, Josef (1996): „Momentum Strategies", *Journal of Finance 51, Nr.5, S.1681-1713.*

Chopra, Navin / Lakonishok, Josef / Ritter, Jay R. (1992): „Measuring Abnormal Performance: Do Stocks Overreact?", *Journal of Financial Economics 31, Nr.2, S.235-268.*

Chordia, Tarun / Roll, Richard / Subrahmanyam, Avanidhar (2000): „Commonality in Liquidity", *Journal of Financial Economics 56, S.2-38.*

Chordia, Tarun / Sarkar, Asani / Subrahmanyam, Avanidhar (2005): „An Empirical Analysis of Stock and Bond Market Liquidity", *Review of Financial Studies 18, Nr.1, S.85-129.*

Cifuentes, Rodrigo / Ferrucci, Gianluigi / Shin, Hyun Song (2005): „Liquidity Risk and Contagion", *Journal of the European Economic Association 3, Nr.2-3, S.556–566.*

Claessens, Stijn / Forbes, Kristin (2001): „International Financial Contagion", *Springer.*

Cohan, Kalman J. / Maier, Steven F. / Schwartz, Robert A. / Whitcomb, David K. (1986): „The Microstructure of Securities Markets", *Journal of Finance 41, Nr.5, S.1185-1187.*

Conrad, Jennifer / Kaul, Gautam (1998): „An Anatomy of Trading Strategies", *Review of Financial Studies 11, Nr.3, S.489-519.*

Cottier, Phillip (2000): „Hedge Funds and Managed Futures: Performance, Risks, Strategies, and Use in Investment Portfolios (3rd Ed.)", *Haupt.*

Coughenour, Jay F. / Saad, Mohsen M. (2004): „Common Market Makers and Commonality in Liquidity", *Journal of Financial Economics 73, Nr.1, S. 37-69.*

Daniel, Kent / Hirshleifer, David / Subrahmanyam, Avanidhar (1998): „A Theory of Overconfidence, Self-Attribution, and Security Market Under- and Overreactions", *Journal of Finance 53, S.1839–1886.*

Datar, Vinay T. / Naik, Narayan Y. / Radcliffe, Robert (1998): „Liquidity and Stock Returns: An Alternative Test", *Journal of Financial Markets 1, S.203-219.*

DeBondt, Werner F. M. / Thaler, Richard H. (1987): „ Further Evidence on Investor Overreaction and Stock Market Seasonality", *Journal of Finance 42, Nr. 3, S.557-581.*

DeLong, J. Bradford / Shleifer, Andrei / Summers, Lawrence H. / Waldman, Robert J. (1989): „ Positive Feedback Investment Strategies and Destabilizing Rational Speculation", *NBER Working Paper 2880.*

Dornbush, Rüdiger / Park, Yung Chul / Claessens, Stijn (2000): „Contagion: How it Spreads and how it can be Stopped?", *World Bank Research Observer 15, Nr.2, S.97-177.*

Dufour, Alfonso / Engle Robert F. (2000): „Time and the Price Impact of a Trade", *Journal of Finance 55, Nr.6, S.2467-2498.*

Dungey, Mardi / Fry, Renée / González-Hermosillo, Brenda / Martin, Vance (2004): „Empirical Modeling of Contagion: A Review of Methodologies", *IMF Working Paper WP/04/78.*

Eichengreen, Barry / Mathieson, Donald (1998): „The Hedge Funds and Financial Market Dynamics", *International Monetary Fund.*

Eichengreen, Barry / Rose, Andrew / Wyplosz, Charles (1996): „Contagious Currency Crisis: First Tests", *Scandinavian Journal of Economics 98, Nr.4, S.463-484.*

Ellis, Katrina / Michaely, Roni / O'Hara, Maureen (2000): „The Accuracy of Trade Classification Rules: Evidence from NASDAQ", *Journal of Financial and Quantitative Analysis 35, Nr.4, S.529-551.*

Embrechts, Paul / McNeil, Alexander / Straumann, Daniel (2002): „Correlation and Dependence in Risk Management: Properties and Pitfalls", *in Dempster, Michael A. H. [Hrsg.] (2002): „Riskmanagement: Value at Risk and Beyond", S.176-223.*

Fama, Eugene F. / French, Kenneth R. (1997): „Industry Costs of Equity", *Journal of Financial Economics 43, Nr.2, S.153–193.*

Filliben, James J. (1975): „The Probability Plot Correlation Coefficient Test for Normality", *Technometrics 17, Nr.1, S.111-117.*

Finucane, Thomas J. (2000): „A Direct Test of Methods for Inferring Trade Direction from Intra-Day Data", *Journal of Financial and Quantitative Analysis 35, No.4, S.553-576.*

Fung, William / Hsieh, David A. (1997): „Empirical Characteristics of Dynamic Trading Strategies: The Case of Hedge Funds", *Review of Financial Studies 10, Nr. 2, S.275-302.*

Fung, William / Hsieh, David A. (1999): „A Primer on Hedge Funds", *Journal of Empirical Finance 6, Nr.3, S.309-331.*

Fung, William / Hsieh, David A. (2000): „Performance Characteristics of Hedge Funds and Commodity Funds: Natural versus Spurious Biases", *Journal of Financial and Quantitative Analysis 35, Nr.3, S.291-307.*

Fung, William / Hsieh, David A. (2001): „The Risk in Hedge Fund Strategies: Theory and Evidence from Trend Followers", *Review of Financial Studies 14, Nr.2, S.313-341.*

Fung, William / Hsieh, David A. (2004): „Hedge Fund Benchmarks: A Risk Based Approach", *Financial Analyst Journal 60, Nr.5, S.65-80.*

Fung, William / Hsieh, David A. (2006): „Hedge Funds: An Industry in its Adolescence", *Federal Reserve Bank of Atlanta Economic Review Q4, S. 1-34.*

Garleanu, Nicolae / Pedersen, Lasse H. (2009): „Margin-Based Asset Pricing and Deviations from the Law of One Price", *NYU Working Paper FIN-09-24.*

Geanakoplos, John (1997): „Promises, Promises", *in Arthur, W. Brian / Durlauf, Steven N. / Lane, David A. [Hrsg.] (1997): „The Economy as an Evolving Complex System (2nd Ed.)", S.285-320.*

Geanakoplos, John (2003): „Liquidity, Default and Crashes: Endogenous Contracts in General Equilibrium", *Cowles Foundation Paper 1074, S.170-205.*

Getmansky, Mila / Lo, Andrew W. / Makarov, Igor (2004): „An Econometric Analysis of Serial Correlations and Illiquidity in Hedge-Fund Returns", *Journal of Financial Economics 74, S.529-609.*

Getmansky, Mila / Lo, Andrew W. / Mei, Shauna X. (2004): „Sifting Through the Wreckage: Lessons from Recent Hedge-Fund Liquidations", *Journal of Investment Management 2, Nr.4, S.6-38.*

Goetzmann, William N. / Ingersoll, Jonathan E. / Ross, Stephen A. (2003): „High-Water Marks and Hedge Fund Management Contracts", *Journal of Finance 58, Nr.4, S.1685-1718.*

Goldstein, Itay / Pauzner, Ady (2004): „Contagion of Self-Fulfilling Financial Crises due to Diversification of Investment Portfolios", *Journal of Economic Theory 119, Nr.1, S.151-183.*

Goyenko, Ruslan Y. / Holden, Craig W. / Trzeinka, Charles A. (2009): „Do Liquidity Measures Liquidity?", *Journal of Financial Economics 92, Nr.2, S.153-181.*

Graham, Benjamin (2003): „The Intelligent Investor (Revised Ed.)", *Harper Business Essentials.*

Grossman, Sanford J. / Miller, Merton H. (1988): „Liquidity and Market Structure", *NBER Working Paper 2641*

Grundy, Bruce D. / Martin, Spence J. (2001): „Understanding the Nature of the Risks and the Source of the Rewards to Momentum Investing", *Review of Financial Studies 14, Nr.1, S.29-78.*

Harris, Frederick H. B. / McInish, Thomas H. / Chakravarty, Ranjan R. (1995): „Bids and Asks in Disequilibrium Market Microstructure: The case of IBM", *Journal of Banking and Finance 19, S.323-345.*

Harris, Jeffrey H. / Schultz, Paul H. (1997): „The Importance of Firm Quotes and Rapid Executions: Evidence from the January 1994 SOES Rules Change", *Journal of Financial Economics 45, S.135-166.*

Hasanhodzic, Jasmina / Lo, Andrew W. (2007): „Can Hedge-Fund Returns be Replicated?: The Linear Case", Journal of Investment Management 5, Nr.2, S.5-45.

Hasbrouck, Joel (1991): „Measuring the Information Content of Stock Trades", *Journal of Finance 46, Nr.1, S.179-207.*

Hasbrouck, Joel (2007): „Empirical Market Microstructure: The Institutions, Economics, and Econometrics of Securities Trading", *Oxford University Press.*

Hasbrouck, Joel / Seppi, Duane J. (2001): „Common Factors in Prices, Order Flows, and Liquidity", *Journal of Financial Economics 59, Nr.3, S.383–411.*

Hasbrouck, Joel / Sofianos, George (1993): „The Trades of Market Makers: An Empirical Analysis of NYSE Specialists", *Journal of Finance 48, Nr.5, S.1565-1593.*

Hausman, Jerry A. / Hall, Bronwyn, H. / Griliches, Zvi (1981): „Econometric Models for Count Data with an Application to the Patents-R&D Relationship", *NBER Technical Paper 17.*

Hermalin, Benjamin E. / Weisbach, Michael S. (1988): „The Determinants of Board Composition", *RAND Journal of Economics 19, Nr.4, S.589-606.*

Holmström, Bengt / Tirole, Jean (2001): „LAPM: A Liquidity-Based Asset Pricing Model", *The Journal of Finance 56, Nr.5, S.1837-1867.*

Hong, Harrison / Stein, Jeremy C. (1997): „ A Unified Theory of Underreaction, Momentum Trading and Overreaction in Asset Markets", *NBER Working Paper 6324.*

Hosmer, David W. / Lerneshow, Stanley (2000): „Applied Logistic Regression (2nd Ed.)", *Wiley Series of Probability and Statistics.*

Huberman, Gur / Halka, Dominika (2001): „Systematic Liquidity", *Journal of Financial Research 24, Nr.1, S.161-178.*

Ineichen, Alexander M. (2003): „Absolute Returns: The Risk and Opportunities of Hedge Fund Investing*", Wiley Finance Series.*

Jegadeesh, Narasimhan / Titman, Sheridan (1993): „Returns to Buying Winners and Selling Losers: Implications For Stock Market Efficiency", *Journal of Finance 48, Nr.1, S.65-91.*

Kambhu, John (2006): „Trading Risk, Market Liquidity, and Convergence Trading in the Interest Rate Swap Spread", *FRBNY Economic Policy Review 12, Nr.1, S.1-13.*

Kambhu, John / Schuermann, Til / Stiroh, Kevin J. (2007): „Hedge Funds, Financial Intermediation, and Systematic Risk", *FRBNY Economic Policy Review 13, Nr.3, S.1-18.*

Karolyi, Andrew G. (2003): „Does International Financial Contagion Really Exist?", *International Finance 6, Nr.2, S.179-199.*

Khandani, Amir E. / Lo, Andrew W. (2007): „What Happened to the Quants in August 2007?", *Journal of Investment Management 5, S.5-54.*

Khandani, Amir E. / Lo, Andrew W. (2008): „What Happened to the Quants in August 2007?: Evidence from Factors and Transactions Data", *NBER Working Paper 14465.*

Krugman, Paul (2008): „The Return of Depression Economics and the Crisis of 2008", *W. W. Norton.*

Kumar, Raman / Sarin, Atulya / Shastri, Kuldeep (1998): „The Impact of Options Trading on the Market Quality of the Underlying Security: An Empirical Analysis", *Journal of Finance 53, Nr.2, S.717-732.*

Kyle, Albert S. (1985): „Continuous Auctions and Insider Trading", *Econometrica 53, Nr.6 S.1315-1335.*

Kyle, Albert S. / Xiong, Wei (2001): „Contagion as a Wealth Effect", *Journal of Finance 56, Nr.4, S.1401-1440.*

Lakonishok, Josef / Lev, Baruch (1987): „Stock Splits and Stocks Dividends: Why, Who and When", *Journal of Finance 42, Nr.4, S.913-932.*

Lakonishok, Josef / Shleifer, Andrei / Vishny, Robert W. (1993): „Contrarian Investment, Extrapolation, and Risk", *NBER Working Paper 4360.*

Lee, Charles M. C. / Ready, Mark J. (1991): „Inferring Trade Direction from Intraday Data", *Journal of Finance 46, Nr. 2, S.733-746.*

Lee, Charles M. C. / Swaminathan, Bhaskaran (2000): „Price Momentum and Trading Volume", *Journal of Finance 55, Nr. 5, S.2017-2069.*

Lehmann, Bruce N. (1988): „Martingales, and Market Efficiency", *NBER Working Paper 2533.*

Leitner, Yaron (2005): „Financial Networks: Contagion, Commitment, and Private Sector Bailouts", *Journal of Finance 66, Nr.6, S.2925-2953.*

Lerner, Josh (1995): „Venture Capitalists and the Oversight of Private Firms", *Journal of Finance 50, Nr.1, S.301-318.*

Lhabitant, Francois-Serge (2004): „Hedge Funds: Quantitative Insights", *Wiley Finance Series.*
Liang, Bing (1999): „On the Performance of Hedge Funds" *Financial Analysts Journal 55, Nr.4, S.72-85.*

Liang, Bing (2000): „Hedge Funds: The Living and the Dead" *Journal of Financial and Quantitative Analysis 35, Nr.3, S.309-326.*

Liang, Bing (2001): „Hedge Fund Performance: 1990–1999", *Financial Analysts Journal 57, Nr.1, S.11-18.*

Liu, Xuewen / Mello, Antonio S. (2009): „The Capital Structure of Financial Institutions and Liquidity Crises", *Working Paper.*

Ljung, G. M. / Box, George E. P. (1978): „On a Measure of a Lack of Fit in Time Series Models", *Biometrika 65, Nr.2, S.297-303.*

Lo, Andrew W. (1999): „The Three P's of Total Risk Management", *Financial Analysts Journal 55, Nr.1, S.87-129.*

Lo, Andrew W. (2001): „Risk Management for Hedge Funds: Introduction and Overview", *Financial Analysts Journal 57, Nr.6, S.16-33.*

Lo, Andrew W. (2002): „The Statistics of Sharpe Ratios", *Financial Analysts Journal 58, Nr.4, S.36-52.*

Lo, Andrew W. (2008a): „Hedge Funds: An Analytic Perspective", *Princeton University Press.*

Lo, Andrew W. (2008b): „Hedge Funds, Systemic Risk, and the Financial Crisis of 2007–2008", *Written Testimony for the House Oversight Committee Hearing on Hedge Funds.*

Lo, Andrew W. / MacKinlay, A. Craig (1989): „When Are Contrarian Profits Due to Stock Market Overreaction?", *NBER Working Paper 2977.*

Lo, Andrew W. / Wang, Jiang (2000): „Trading Volume: Definitions, Data Analysis, and Implications of Portfolio Theory", *NBER Working Paper 7625.*

Lo, Andrew W. / Wang, Jiang (2006): „Trading Volume: Implications of an Intertemporal Capital Asset Pricing Model", *Journal of Finance 61, S.2805-2840.*

Longstaff, Francis A. / Mithal, Sanjay / Neis, Erik (2004) „Corporate Yield Spreads: Default Risk or Liquidity? New Evidence from the Credit-Default Swap Market", *NBER Working Paper 10418.*

Lyons, Richard K. (1993): „Tests of Microstructural Hypothesis in the Foreign Exchange Market", *NBER Working Paper 4471.*

Madhavan, Ananth / Sofianos, George (1998): „An Empirical Analysis of NYSE Specialist Trading", *Journal of Financial Economics 48, S.189-210.*

McCullagh, Peter (1983): „Quasi-Likelihood Functions", *Annals of Statistics 11, Nr.1, S.59-67.*

McCullagh, Peter / Nelder, John A. (1989): „Quasi-Likelihood Functions", *Annals of Statistics 11, Nr.1, S.59-67.*

McFadden, Daniel (1974): „The Measure of Urban Travel Demand", *Journal of Public Economics 3, 303-328.*

McNeil, Alexander J. / Frey, Rüdiger / Embrechts, Paul (2005): „Quantitative Risk Management: Concept, Techniques and Tools", *Princeton University Press.*

Mitchell, Mark / Pedersen, Lasse H. / Pulvino, Todd (2007): „Slow Moving Capital", *NBER Working Paper 12877.*

Mitchell, Mark / Pulvino, Todd (2001): „Characteristics of Risk and Return in Risk Arbitrage", *Journal of Finance 56, Nr.6, S.2135-2175.*

Morris, Stephen / Shin, Hyun Song (2004): „Liquidity Black Holes“, *Review of Finance 8, S.81-18.*

Moskowitz, Tobias J. / Grinblatt, Mark (1999): „Do Industries Explain Momentum*?",* *Journal of Finance 54, Nr.4, S.1249–1290.*

Nagelkerke, N. J. D. (1991): „A Note on a General Definition of the Coefficient of Determination", *Biometrika 78, ro.3, S.691-692.*

Newman, David / Shaffer, Charles (2007): „Building the Organization to Support the 130/30 Opportunity", *Journal of Investing 16, Nr.4, S.33-49.*

Obstfeld, Maurice / Rogoff, Kenneth (2004): „The Unsustainable US Current Account Position Revisited", *NBER Working Paper 10869.*

Pastor, Lubos / Stambaugh, Robert F. (2001): „Liquidity Risk and Expected Stock Returns", *NBER Working Paper 8462.*

Pedersen, Lasse H. (2008): „Liquidity Risk and the Current Crisis“, *Vox - Research-Based Policy Analysis and Commentary Portal, 15.11.2008.* (http://www.voxeu.org/index.php?q=node/2566), letzter Abruf am 01.12.2009.

Pedersen, Lasse H. (2009): „When Everybody Runs for the Exit", *NBER Working Paper 15297.*

Pericoli, Marcello / Sbracia, Massimo (2003): „A Primer on Financial Contagion“, *Journal of Economic Surveys 17, Nr.4, S.571-608.*

Pesaran, M. Hashem / Pick, Andreas (2007): „Econometric Issues in the Analysis of Contagion", *Journal of Economic Dynamics and Control 31, Nr.4, S.1245-1277.*

Petersen, Mitchell A. / Fialkowski, David (1994): „Posted Versus Effective Spreads: Good Price or Bad Quotes?", *Journal of Financial Economics 35, S.269-292.*

Plantin, Guillaume / Sapra, Haresh/ Shin, Hyun Song (2008): „Marking-to-Market: Panacea or Pandora's Box?“, *Journal of Accounting Research 46, Nr.2, S.435-460.*

Plantin, Guillaume / Shin, Hyun Song (2008): „Carry Trades and Speculative Dynamics”, *Working Paper.*

Rigobon, Roberto (2001): „Contagion How to Measure it”, *NBER Working Paper 8118.*

Rigobon, Roberto (2002): „International Financial Contagion: Theory and Evidence in Evolution”, *Research Foundation of AIMR (CFA Institute).*

Roll, Richard (1984): „A Simple Implicit Measure of the Effective Bid-Ask Spread in an Efficient Market”, *Journal of Finance 39, Nr.4, S.1127-1139.*

Sender, Henny / Kelly, Kate / Zuckerman, Gregory (2007): „Goldman Wagers on Cash Infusion to Show Resolve“, *Wall Street Journal, 14.10.2007.* (http://www.efinancialnews.com/homepage/index/content/2448540036), letzter Abruf am 01.02.2010.

Sias, Richard W. / Starks, Laura T. (1997): „Institutions and Individuals at the Turn-of-the-Year”, Journal of Finance 52, Nr.4, S.1543-1562.

Sinn, Hans-Werner (2009): „Kasino-Kapitalismus: Wie es zur Finanzkrise kam, und was jetzt zu tun ist (2. Aufl.)“,*Econon Verlag.*

Stefanini, Filippo (2006): „Absolute Investment Strategies of Hedge Funds“, *Wiley Finance Series.*

Stiglitz, Joseph E. / Weiss, Andrew (1981): „Credit Rationing in Markets with Imperfect Information”, *American Economic Review 71, Nr.3, S.393-410.*

Stulz, Rene M. (2007): „Hedge Funds: Past, Present, and Future”, *Journal of Economic Perspectives 21, Nr.2, S.175–194.*

Taylor, John B. (2009): „The Financial Crisis and the Policy Responses: An Empirical Analysis of What Went Wrong”, *NBER Working Paper 14631.*

Thal Larsen, Peter (2007): „Goldman Pays the Price of Being Big”, *Financial Times, 13.08.2007.* (http://us.ft.com/ftgateway/superpage.ft?news_id=fto081320071619218870), letzter Abruf am 08.02.2010.

Upper, Christian / Worms, Andreas (2004): „Estimating Bilateral Exposures in the German Interbank Market: Is there a Danger of Contagion?, *European Economic Review 48, S.827-849.*

Wald, Abraham (1943): „Tests of Statistical Hypotheses Concerning Several Parameters When the Number of Observations is Large”, *Transactions of the American Mathematical Society 54, Nr.3, S.426-482.*

Watts, Duncan J. (1999): „Small Worlds”, *Princeton University Press.*

Watts, Duncan J. / Strogatz, Steven H. (1998): „Collective Dynamics of 'Small-World' Networks", *Nature 393 S.440-442.*

Internetquellen:

- https://www.hedgefundresearch.com/index.php?fuse=database&1266003892
- http://www.lipperweb.com/products/LipperTASS.aspx
- http://www.standardandpoors.com/products-services/CapitalIQ/en/us

Anhang

Einleitung

Kapitel 1

Kapitel 2

Kapitel 3

Fazit

Anhang 1: Literature-Review: Hedgefonds.

Grundlegendes Basiswissen über die Geschichte, den Aufbau, die Funktionsweise und die Beschaffenheit von Hedgefonds sowie Anlagestrategien von Hedgefonds und ihre Performancebestimmung ist u.a. in Eichengreen/Mathieson (1998), Ackermann/McEnally/Ravenscraft (1999), Cottier (2000), Ineichen (2003), Lhabitant (2004), Agarwal/Naik (2005), Stefanini (2006), Kambhu/Schuermann/Stiroh (2007), Stulz (2007), Lo (2008a) und Brown et al. (2009) nachzulesen. Die Studien von Fung/Hsieh (1999, 2000 und 2001), Liang (1999, 2000 und 2001) und Agarwal/Naik (2000a, 2000b) befassen sich umfangreich mit empirischen Untersuchungen über die historische Entwicklung von Hedgefonds.

Anhang 2: Literature-Review: Finanzmarktkrise.

Die Literatur Krugman (2008), Sinn (2009) und Acharya/Richardson (2009) bietet jeweils einen guten Überblick über die Ereignisse und Ursachen die letztendlich zu einer weltweiten Finanzmarktkrise (bzw. Liquiditätskrise) führten und über die Ereignisse, die nach dem – für die vorliegende Studie – relevanten Zeitraum August 2007 stattfanden.

Grundlegend lassen sich die Ursachen in zwei Unterpunkte teilen und zwar in makroökonomische Ursachen und mikroökonomische Ursachen, von denen im Folgenden jedoch lediglich ein Teil genannt wird.

Makroökonomischen Ursachen waren u.a. das hohe Leistungsbilanzdefizit der USA und die daraus resultierende Abwertung des US-Dollars (siehe dazu Obstfeld/Rogoff (2004) und Cavallo/Tille (2006)), der Yen-Carry-Trade (siehe dazu Brunnermeier/Nagel/Pedersen (2008)), die in einem kurzen Zeitraum getätigte sukzessive Senkung des US-amerikanischen Leitzinses (siehe dazu Taylor (2009)) und die geringen Standards bei der Kreditvergabe vieler US-Banken (siehe dazu Bordo (2008)).

Eine mikroökonomische Ursache war insbesondere der Übergang vieler Banken vom klassischen „Buy-and-Hold“-Geschäftsmodell zum „Originate-to-Distribute“-Geschäftsmodell. In diesem Zusammenhang spielt u.a. die Tranchierung von verbrieften Forderungen i.V.m. dem „Wasserfallprinzip“ (siehe dazu Brunnermeier (2008)) und die Mitschuld der Ratingagenturen (siehe zu der Problematik des „Rating-Shoppings“ Benmelech/Dlugosz (2009)) eine entscheidende Rolle.

Anhang 3: Erläuterung relevanter Datenbanken.

- **TASS-Datenbank**: Die Lipper (ursprünglich Reuters) TASS-Hedgefonds-Datenbank sammelt Daten über Hedgefonds seit mehr als 20 Jahren. Dabei ist die TASS-Datenbank unterteilt in zwei Kategorien und zwar „Live"-Fonds und „Graveyard"-Fonds. Hedgefonds der Kategorie „Live"-Fonds sind zum Zeitpunkt des Datenbankauszuges aktiv, wohingegen Hedgefonds der Kategorie „Graveyard"-Fonds aufgehört haben der Datenbank ihre Performance, Abwicklungen oder Interaktionen mit anderen Hedgefonds der Datenbank zu melden. Aktualisierungen der Datenbank werden täglich vorgenommen. Aktuell umfasst die TASS-Datenbank über 6300 Fonds in der Kategorie „Live"-Fonds und über 7000 Fonds in der Kategorie „Graveyard"-Fonds.[373]
- **Compustat-Datenbank:** Bei Sandard&Poor's-Compustat-Global handelt es sich um eine internationale Bilanzdatenbank, die börsennotierte Unternehmen aus den USA, Europa, Asien etc. führt. Dabei deckt die Datenbank annähernd 99 Prozent der Weltmarkt-Kapitalisierung ab und enthält Unternehmen aus mehr als 80 Ländern sowie 68.000 weltweite Wertpapiere.[374]
- **TAQ-Datenbank:** Die New-York-Stock-Exchange (NYSE) TAQ-Datenbank enthält die Intraday-Transaktionen und Quotes (verbindliche Kauf- und Verkaufspreise, die Market-Maker laufend für betreute Wertpapiere stellen müssen) für alle Wertpapiere, die an der NYSE, der American-Stock-Exchange (AMEX) und dem National-Market-System (NMS) notiert sind. Im Rahmen des Modells werden lediglich die Daily-Trade-Files der Datenbank genutzt, da diese relevante Informationen, wie z.B. Handelszeitpunkt, Größe, Handelsplatz etc. enthalten.[375]
- **HFR-Datenbank:** Die HFR-Datenbank enthält aktuell über 6500 Fonds und Dachfonds. Relevante Informationen werden direkt von den Hedgefonds-Managern bezogen.[376]

[373] Vgl. Khandani/Lo (2007): S.23 und http://www.lipperweb.com/products/LipperTASS.aspx.
[374] Vgl. http://www.standardandpoors.com/products-services/CapitalIQ/en/us.
[375] Vgl. Khandani/Lo (2008): S.7.
[376] Vgl. https://www.hedgefundresearch.com/index.php?fuse=database&1266003892.

Anhang 4: Anzahl der Hedgefonds in der TASS-Datenbank & AUM.

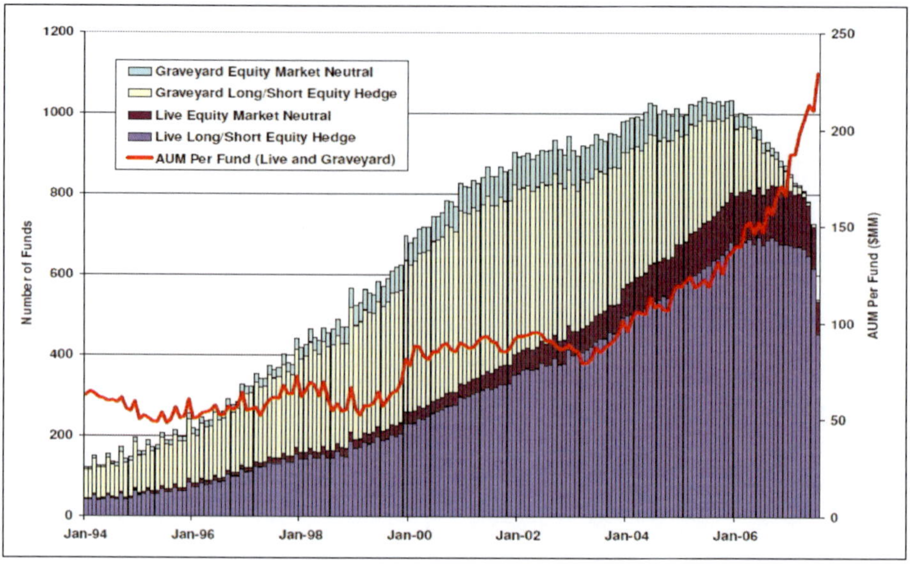

Quelle: Khandani/Lo (2007): S.24.

Anhang 5: AUM & Profitabilität der „Contrarian-Strategy".

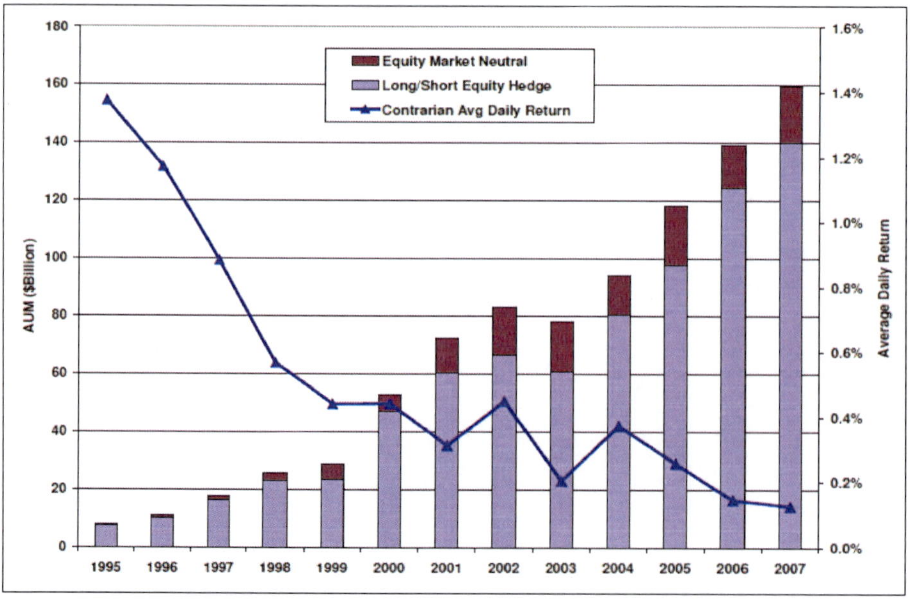

Quelle: Khandani/Lo (2007): S.25.

Anhang 6: Durchschnittliche tägliche Rendite der „Contrarian-Strategy“ & Rendite-Multiplikator & benötigter Leverage.

Year	Average Daily Return	Return Multiplier	Required Leverage Ratio
1998	0.57%	1.00	2.00
1999	0.44%	1.28	2.57
2000	0.44%	1.28	2.56
2001	0.31%	1.81	3.63
2002	0.45%	1.26	2.52
2003	0.21%	2.77	5.53
2004	0.37%	1.52	3.04
2005	0.26%	2.20	4.40
2006	0.15%	3.88	7.76
2007	0.13%	4.48	8.96

Quelle: Khandani/Lo (2007): S.26.

Anhang 7: Renditen der „Contrarian-Strategy“ (gehebelt mit einem 8:1 Leverage).

Date	Deciles by Market Capitalization										All
	Smallest	Decile 2	Decile 3	Decile 4	Decile 5	Decile 6	Decile 7	Decile 8	Decile 9	Largest	
7/30/2007	-0.28%	0.08%	7.85%	-1.43%	0.29%	0.91%	1.04%	1.51%	2.05%	0.71%	1.77%
7/31/2007	0.77%	4.41%	1.12%	2.20%	-2.53%	0.09%	-3.19%	1.94%	-1.23%	0.22%	1.46%
8/1/2007	6.10%	1.78%	-5.55%	1.39%	3.79%	-3.52%	-2.83%	-2.52%	-8.06%	-0.90%	0.43%
8/2/2007	3.54%	-3.04%	-0.46%	-2.68%	-3.77%	-10.79%	8.63%	6.12%	-2.97%	-0.77%	-1.22%
8/3/2007	-3.79%	-2.49%	-3.12%	0.24%	3.52%	0.05%	-2.49%	-4.35%	-2.29%	-2.74%	-0.10%
8/6/2007	-3.33%	-7.06%	-1.57%	-4.12%	5.47%	-5.47%	-4.75%	-2.86%	1.06%	3.08%	2.01%
8/7/2007	**3.00%**	**1.03%**	**-6.55%**	**-11.65%**	**-6.01%**	**-2.79%**	**1.42%**	**-4.08%**	**-6.86%**	**-2.67%**	**-4.64%**
8/8/2007	**3.52%**	**-5.30%**	**-10.36%**	**-14.58%**	**-17.07%**	**-8.65%**	**-8.94%**	**-13.85%**	**-5.06%**	**-5.91%**	**-11.33%**
8/9/2007	**3.66%**	**-7.42%**	**-15.46%**	**-11.08%**	**-12.72%**	**-15.78%**	**-13.06%**	**-17.33%**	**-10.32%**	**-5.22%**	**-11.43%**
8/10/2007	**-1.32%**	**14.62%**	**24.32%**	**31.58%**	**35.08%**	**30.67%**	**30.07%**	**26.79%**	**18.73%**	**9.55%**	**23.67%**
8/13/2007	5.42%	-1.24%	-2.53%	-4.26%	-6.20%	-0.88%	-5.15%	-8.04%	-8.58%	-4.99%	-3.05%
8/14/2007	4.65%	3.64%	-1.02%	1.35%	2.23%	-1.12%	2.74%	-1.16%	0.66%	0.67%	0.33%
8/15/2007	3.52%	4.74%	-2.42%	-2.33%	-0.69%	-3.89%	-0.97%	-5.36%	-2.29%	-4.73%	-1.53%
8/16/2007	-5.03%	-2.16%	0.59%	-2.36%	-2.39%	-3.95%	-6.94%	-5.08%	1.08%	-7.31%	-3.24%
8/17/2007	14.30%	9.94%	0.41%	5.04%	5.32%	-2.07%	0.47%	-1.56%	1.24%	0.44%	1.53%
8/20/2007	15.02%	7.02%	1.42%	5.40%	2.03%	1.74%	4.88%	2.22%	1.57%	4.67%	4.58%
8/21/2007	4.98%	0.43%	0.02%	-1.80%	0.09%	-2.54%	-0.33%	-0.20%	0.74%	0.43%	0.24%
8/22/2007	-3.39%	-1.23%	-2.07%	-2.05%	-0.67%	-3.31%	-0.74%	-2.26%	1.57%	0.37%	-1.51%
8/23/2007	-0.14%	2.79%	2.79%	-0.64%	1.51%	4.15%	1.04%	-1.33%	1.28%	1.23%	1.31%
8/24/2007	2.47%	-1.13%	-0.26%	0.92%	3.70%	-0.23%	-0.29%	0.37%	-1.42%	2.43%	1.73%
8/27/2007	4.38%	2.80%	0.46%	0.78%	5.01%	-0.63%	1.58%	2.85%	2.84%	0.10%	2.99%
8/28/2007	1.64%	1.26%	0.34%	-2.45%	-2.56%	-1.99%	-1.33%	-1.77%	-1.88%	0.99%	-3.04%
8/29/2007	5.79%	0.31%	5.07%	8.32%	7.75%	-2.14%	5.67%	6.39%	3.63%	3.94%	7.06%
8/30/2007	4.27%	0.16%	2.46%	1.61%	3.55%	0.41%	-0.11%	-0.16%	0.47%	-0.19%	2.01%
8/31/2007	6.75%	3.86%	3.80%	-2.21%	0.21%	2.08%	-0.32%	-2.68%	0.02%	0.58%	1.46%

Quelle: Khandani/Lo (2007): S.27.

Anhang 8: Gehebelte (Leverage von 8:1) Renditen der „Contrarian-Strategy".

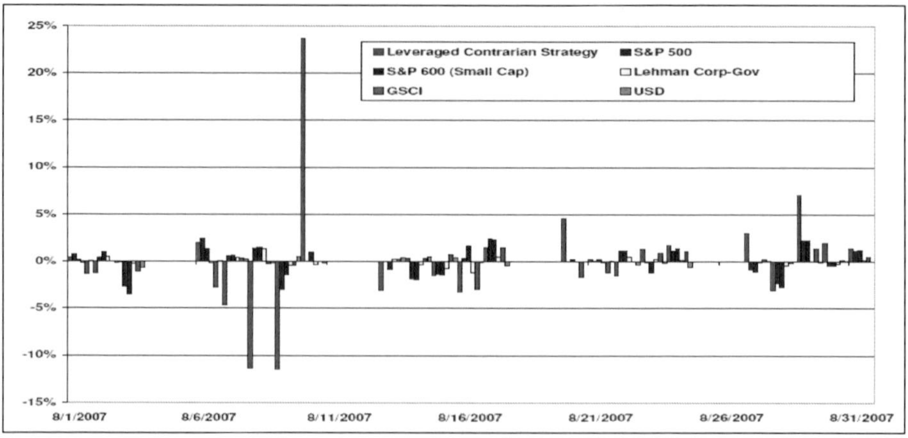

Quelle: Khandani/Lo (2007): S.28.

Anhang 9: Zusammensetzung der Wertemessungen im Rahmen der Konstruktion von Faktor-Portfolios.

- **Book-to-Market-Ratio:** Die Book-to-Market-Ratio stellt das Verhältnis vom dem Börsenkurs zum Bilanzkurs eines Unternehmens dar (Marktkapitalisierung dividiert durch das Eigenkapital des Unternehmens). Dieser Faktor wird errechnet, indem der aktuellste jährliche Buchwert je Anteil durch den Schlusskurs am letzten Tag des Monats dividiert wird.[377]
- **Earnings-to-Price-Ratio:** Die Earnings-to-Price-Ratio ist das Verhältnis zwischen dem, auf eine Aktie bezogenen, Gesamtgewinn und dem aktuellen Kurs der Aktie. Sie wird durch die Division des aktuellsten jährlichen Nettogewinns pro Anteil, unter Ausschluss von Sondereffekten, durch den Schlusskurs am letzten Tag des Monats berechnet.[378]
- **Cashflow-to-Market:** Der Faktor Cashflow-to-Market ergibt sich aus dem aktuellsten jährlichen Netto-Cashflow der Geschäftstätigkeit dividiert durch die gesamte Marktkapitalisierung des Common-Equity am letzten Tag des Monats.[379]
- Diese drei Faktoren ähneln den Faktoren, welche von Lakonishok/Shleifer/Vishny (1993) vorgestellt wurden. Im Rahmen ihrer Forschung wird mathematisch gezeigt, dass höhere

---

[377] Vgl. Khandani/Lo (2008): S.11.
[378] Vgl. Khandani/Lo (2008): S.11.
[379] Vgl. Khandani/Lo (2008): S.11.

Renditen von Value-Strategien daraus resultieren, dass diese Strategien die Fehler typischer Investoren ausnutzen.[380]

Anhang 10: Zusammensetzung des Price-Momentums & Zusammensetzung des Earnings-Momentums.

- **Price-Momentum:** Das Momentum zeigt genaue Informationen über Kraft und Tempo von Kursbewegungen oder Trendumkehrungen. Dabei ist das Price-Momentum die kumulierte Gesamtrendite der Aktien während der vorherigen zwei bis zwölf Monate. Es wird mit Hilfe der Holding-Period-Renditen (Renditen, die während der Haltedauer erwirtschaftet werden) aus der CRSP-Datenbank, inklusive Dividenden, errechnet.[381]
- **Earnings-Momentum**: Das Earnings-Momentum misst den Anstieg der Wachstumsrate des Gewinns je Aktie zwischen der aktuellen und der folgenden Periode. Dabei basiert dieser Faktor auf dem vierteljährlichen Nettogewinn pro Aktie, unter Ausschluss von Sondereffekten, wobei die genormten unerwarteten Gewinne, kurz SUE (Standardized-Unexpected-Earnings) eingebunden werden. Die SUE lassen sich als Quotient der Wachstumsrate der Gewinne des aktuellsten Quartals relativ zum Vorjahr und der Standardabweichung desselben Faktors der vorangegangenen acht Quartale, berechnen.[382]

Anhang 11: Literature-Review: Price-Momentum.

Nähere Erläuterungen zum Price-Momentum sind u.a. in der folgenden Literatur nachzulesen: Jegadeesh/Titman (1993), in dessen Rahmen die Renditen einer Strategie, welche Gewinner kauft und Verlierer verkauft untersucht werden und gezeigt wird, dass die Profitabilität der Strategie nicht von dem systemischen Risiko und verzögerten Aktienpreisen abhängt. Hier wird das Price-Momentum als eine Unterreaktion charakterisiert, ebenso wie in der Studie von Chan/Jegadeesh/Lakonishok (1996). In ihrer Untersuchung wird gezeigt, dass die Vorhersehbarkeit zukünftiger Renditen mit Hilfe vergangener Renditen durch eine Unterreaktion der Informationen des Marktes möglich ist. Barberis/Shleifer/Vishny (1997) und Hong/Stein (1997) charakterisieren das Price-Momentum ebenfalls als eine Unterreaktion. Im

380 Vgl. Lakonishok/Shleifer/Vishny (1993): S.1f. und S.8-16.
381 Vgl. Khandani/Lo (2008): S.12.
382 Vgl. Chan/Jegadeesh/Lakonishok (1996): S.1691 und Khandani/Lo (2008): S.12. Eine weitaus detailliertere Beschreibung des Earnings-Momentum ist in Chan/Jegadeesh/Lakonishok (1996) nachzulesen.

Gegensatz dazu stellen die Studien von DeLong et al. (1989) und Daniel/Hirshleifer/Subrahmanyam (1998) das Price-Momentum als eine Überreaktion dar.[383]

Außerdem soll weitere interessante Literatur erwähnt sein: Fama/French (1997) zeigen, dass sich das Three-Factor-Model der Renditen nicht dazu eignet das mittelfristige Price-Momentum zu erklären. Conrad/Kaul (1998) verdeutlichen, dass ein Momentum-Effekt durch eine querschnittsweise Variation in den durchschnittlichen Renditen individueller Wertpapiere entstehen kann. Des Weiteren zeigen Grundy/Martin (2001), dass ein Momentum-Effekt nicht durch zeitvariierende Faktoren-Einwirkungen, querschnittsweise Unterschiede in den erwarteten Renditen, oder Industrie-Effekte erklärt werden kann. Moskowitz/Grinblatt (1999) zeigen unterdessen, dass eine signifikante Komponente in einem firmenspezifischen Momentum durch das Industrie-Momentum erläutert werden kann.[384]

Im Gegensatz dazu beschäftigen sich andere Forschungen mit dem langfristigen Price-Momentum, bspw. DeBondt/Thaler (1987) und Chopra/Lakonishok/Ritter (1992). Die Studie von Lee/Swaminathan (2000), welche mit Hilfe von vergangenen Trades eine Verbindung zwischen Momentum- und Value-Strategien herstellt, sei ebenfalls erwähnt.[385]

[383] Vgl. DeLong et al. (1989): S.24-26, Jegadeesh/Titman (1993): S.65, Chan/Jegadeesh/Lakonishok (1996): S.1681, Barberis/Shleifer/Vishny (1997): S.27, Hong/Stein (1997): S.38f. und Daniel/Hirshleifer/Subrahmanyam (1998): S. 1878f.

[384] Vgl. Fama/French (1997): S.178f., Conrad/Kaul (1998): S. 513f., Moskowitz/Grinblatt (1999): S.1286-1288 und Grundy/Martin (2001): S.71f.

[385] Vgl. DeBondt/Thaler (1987): S.557, Chopra/Lakonishok/Ritter (1992): S.235f. und Lee/Swaminathan (2000): S.2017.

Anhang 12: Kumulierte Performance der fünf Faktor-Portfolios & das Quadrat der Regressionen (definiert in Gleichung (8)).

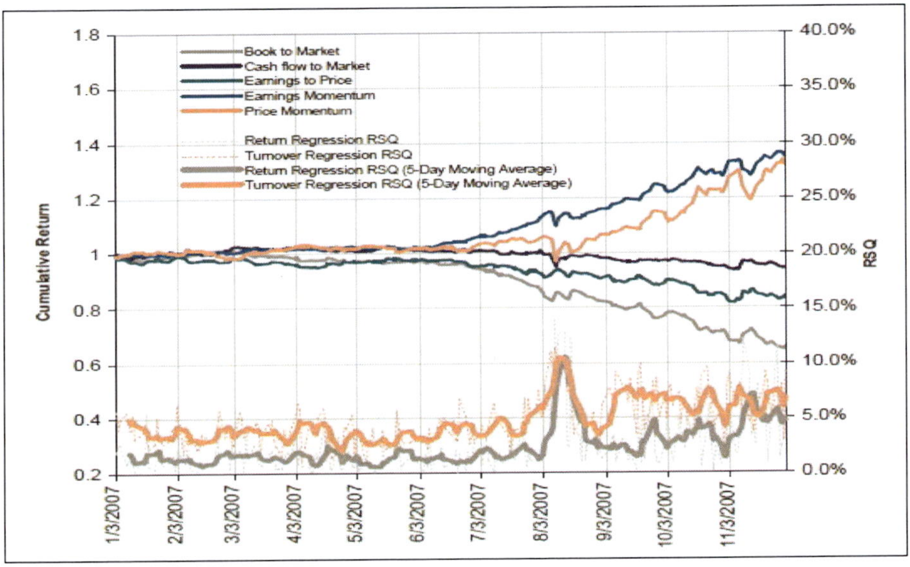

Quelle: Khandani/Lo (2008): S.15.

Anhang 13: Abgeschätzter Koeffizient $\widehat{\delta}_{f,t}$ & das Quadrat der Regressionen (definiert in Gleichung (8)).

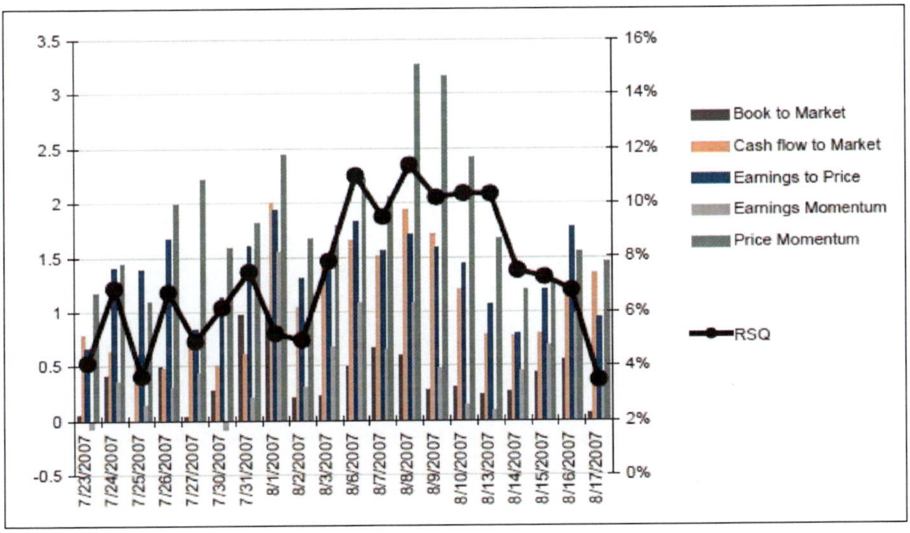

Quelle: Khandani/Lo (2008): S.18.

Anhang 14: Literature-Review: Die Rolle der Liquidität in Krisen & Die Rolle der Liquidität für Hedgefonds.

Die Literatur von Bookstaber (1999 und 2000) zeigt von welch entscheidender Rolle die Assetliquidität bzw. die Versorgung mit Liquidität (besonders in Krisenzeiten) ist. Im Einzelnen beschreibt bspw. die Studie von Bookstaber (1999) dies anhand verschiedener Krisen und zwar anhand des Crashs des Equity-Marktes im Jahr 1987, anhand des Junk-Bond-Debakels im Jahr 1991 sowie anhand der LTCM-Krise im Jahr 1998. Die Studien von Lo (2001 und 2002) und Getmansky/Lo/Makarov (2004) beschäftigen sich mit der Liquidität bzw. Illiquidität im Bezug auf Hedgefonds und bieten daher einen ausgezeichneten Einstieg aufgrund der dort angeführten grundlegenden Überlegungen.[386]

Anhang 15: Gleichgewichtiger Mittelwert, Asset-gewichteter Mittelwert und Median einer 60-Monat-Rolling-Window-Autokorrelation von Fonds der TASS-Datenbank & Anzahl der Fonds.

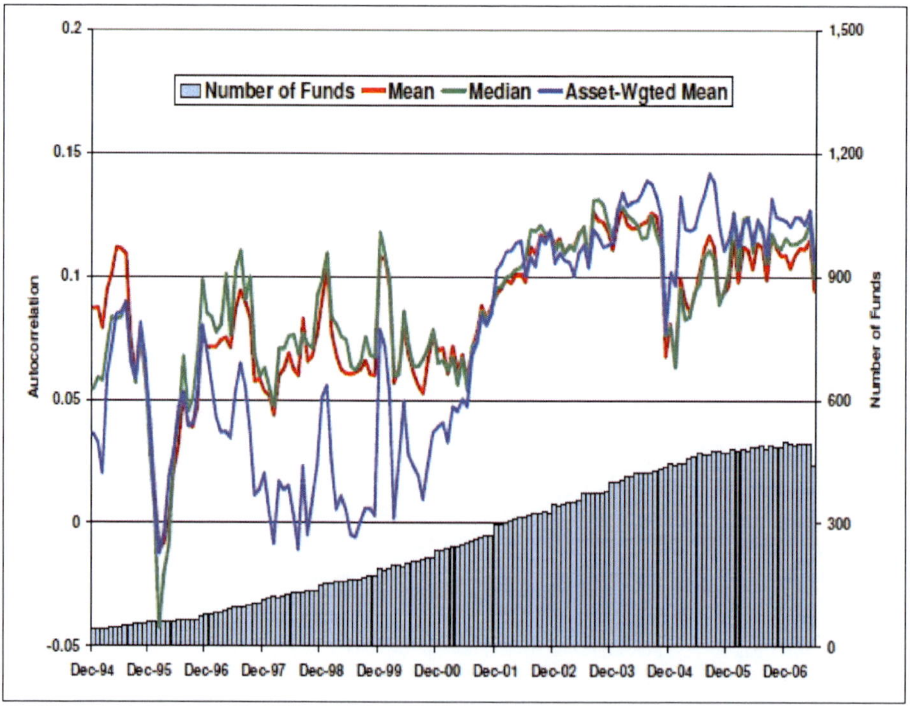

Quelle: Khandani/Lo (2007): S.32.

[386] Vgl. Bookstaber (1999): S.11-15, Bookstaber (2000): S.22, Lo (2001): S.28f., Lo (2002) und Lo/Getmansky/Makarov (2004): S529.

Anhang 16: Literature-Review: Messungen der Liquidität.

Folgende Literatur beschäftigt sich umfangreich mit der Messung der Liquidität: Brennan/Subrahmanyam (1996), in deren Rahmen eine Verbindung zwischen monatlichen Renditen von Aktien und der dort gemessenen Illiquidität empirisch hergestellt wird. Hier wird die Liquidität mit Hilfe der Handelskosten gemessen. Pastor/Stambaugh (2001), deren Resultat eine querschnittweise Verbindung zwischen den erwarteten Renditen von Aktien und die Sensibilität der Aktienrenditen bezüglich Liquiditätsänderungen ist und Anand/Weaver (2006). In ihrer Forschung wird durch eine Untersuchung des CBOE (Chicago-Board-Option-Exchange) gezeigt, dass dessen Marktanteil signifikant angestiegen ist, was darauf hindeutet, dass „Spezialisten" Spreads benutzen um Anreize für Geschäfte zu schaffen. In den beiden genannten Forschungen wird die Liquidität mit Hilfe des Handelsvolumens gemessen.[387]

Außerdem soll auch folgenden Literatur erwähnt werden: Brennan/Chordia/Subrahmanyam (1998), in deren Ausführung eine starke negative Verbindung zwischen durchschnittlichen Renditen und dem Handelsvolumen empirisch nachgewiesen wird (Liquidity-Premium in den Preisen von Assets). Chordia/Roll/Subrahmanyam (2000) untersuchen individuelle Determinanten der Liquidität. Hier wird die Liquidität auf fünf verschiedene Arten gemessen und zwar mit dem quotierten Bid/Ask-Spread, dem effektiven Bid/Ask-Spread, dem proportional quotierten und effektiven Bid/Ask-Spread und mit Hilfe der quotierten Tiefe. Amihud/Mendelson (1986) benutzen ebenfalls den Bid/Ask-Spread. In ihrer Forschung wird bei einer Untersuchung der Effekte des Bid/Ask-Spreads diverser Wertpapiere auf die Renditen dieser Wertpapiere gezeigt, dass die durchschnittlichen Renditen eine ansteigende Funktion des Spreads darstellen.[388]

In Anlehnung an die Forschung von Petersen/Fialkowski (1994) weisen Brennan/Chordia/Subrahmanyam (1998) jedoch darauf hin, dass das sich eine Messung auf Grundlage des Volumens besser für die Bestimmung der Liquidität eignet als eine Messung basierend auf dem Bid/Ask-Spread. Im Gegensatz dazu besagt die empirische Studie von Goyenko/Holden/Trzeinka (2009), in deren Rahmen verschiedene prominente Messungen der Liquidität (u.a. die Amihud-Illiquiditäts-Schätzung) untersucht werden, dass der Bid/Ask-Spread die geeignetste Grundlage für eine Messung der Liquidität darstellt.[389]

---

[387] Vgl. Brennan/Subrahmanyam (1996): S.441 und S.443, Pastor/Stambaugh (2001): S. 3-7 und S.21 sowie Anand/Weaver (2006): S.101-103 und S.117.

[388] Vgl. Amihud/Mendelson (1986): S.223 und S.264 und Brennan/Chordia/Subrahmanyam (1998): S.351.

[389] Vgl. Chordia/Roll/Subrahmanyam (2000): S.3 und S.7 sowie Brennan/Chordia/Subrahmanyam (1998): S.371 und Goyenko/Holden/Trzeinka (2009): S.176-180.

Anhang 17: Normalisierte erwartete Renditen der „Contrarian-Strategy“ (als Funktion des Autokorrelationskoeffizienten des „Common-Factors” ρ und der Holding-Period q).

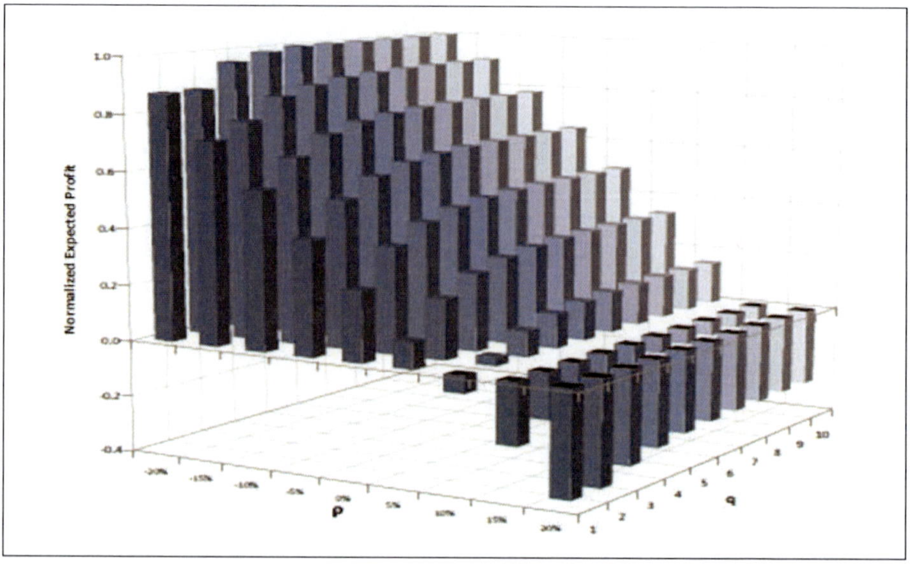

Quelle: Khandani/Lo (2008): S.26.

Anhang 18: Durchschnittliche Rendite der „Contrarian-Strategy“ (angewendet auf Bestandteile des S&P 1500 Indexes).

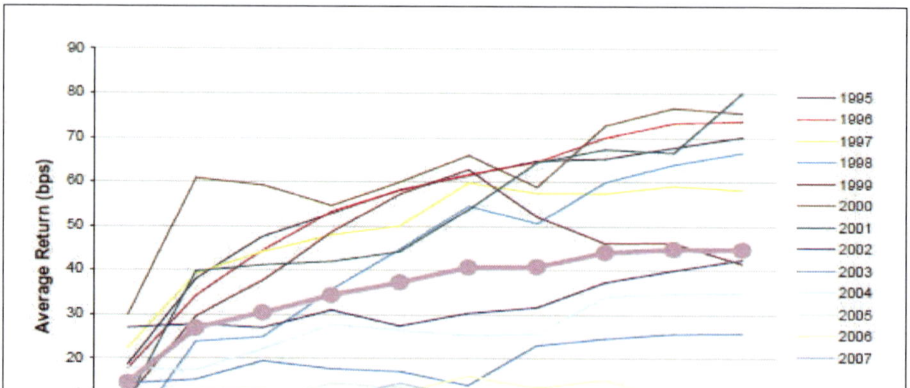

Quelle: Khandani/Lo (2008): S.28.

Anhang 19: Volumen der gehandelten Wertpapiere (entnommen aus der NYSE-Datenbank).

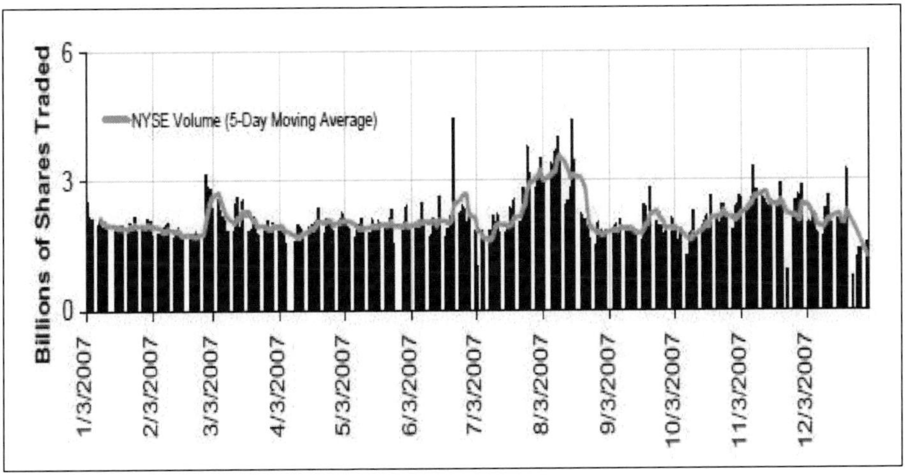

Quelle: Khandani/Lo (2008): S.9 (modifiziert).

Anhang 20: Literature-Review: „Tick-Test", LR-Algorithmus & Quote-Methode.

Die folgende Literatur beschäftigt sich umfangreich mit Verfahren zur Bestimmung der Richtung eines Handels: Cohen et al. (1986), Lyons (1993) und Sias/Starks (1997) analysieren den „Tick-Test".[390]

Neben diesem Verfahren gibt es u.a. noch den LR-Algorithmus von Lee/Ready (1991). Dieser Test wird z.B. von Brennan/Subrahmanyam (1995 und 1998) und von Harris/Schultz (1997) dazu genutzt, um das gezeichnete Volumen im Rahmen eines informierten Handels zu messen. Bessembinder/Kaufman (1997a und 1997b) und Kumar/Sarin/Shastri (1998) nutzen den LR-Algorithmus um Handelskosten und/oder den effektiven Spread zu bestimmen. Benveniste/Erdal/Wilhelm (1998) benutzen den LR-Algorithmus im Rahmen einer Studie über anfängliche öffentliche Angebote. Madhavan/Sofianos (1998) nutzt ihn für eine Studie über das Specialist-Trading.[391]

---

[390] Vgl. Lyons (1993): S.1-3 und Sias/Starks (1997): S.1548.

[391] Vgl. Brennan/Subrahmanyam (1995): S.368, Bessembinder/Kaufman (1997a):S.302, Bessembinder/Kaufman (1997b): S.12, Harris/Schultz (1997): S.144, Benveniste/Erdal/Wilhelm (1998): S.747, Brennan/Subrahmanyam (1998): S.10, Kumar/Sarin/Shastri (1998): S.728, Madhaven/Sofianos (1998): S.195 und Finucane (2000): S.553f.

Eine weitere Alternative zur Bestimmung der Richtung des Handels stellt die Quote-Methode dar. Sie wird u.a. von Hasbrouck/Sofianos (1993) und von Harris/McInish/Chakravarty (1995) zugrunde gelegt.[392]

Anhang 21: Monatlicher, querschnittsweiser Durchschnitt des Preiseinfluss-Koeffizienten $\hat{\lambda}_i$ (basierend auf Gleichung (22)).

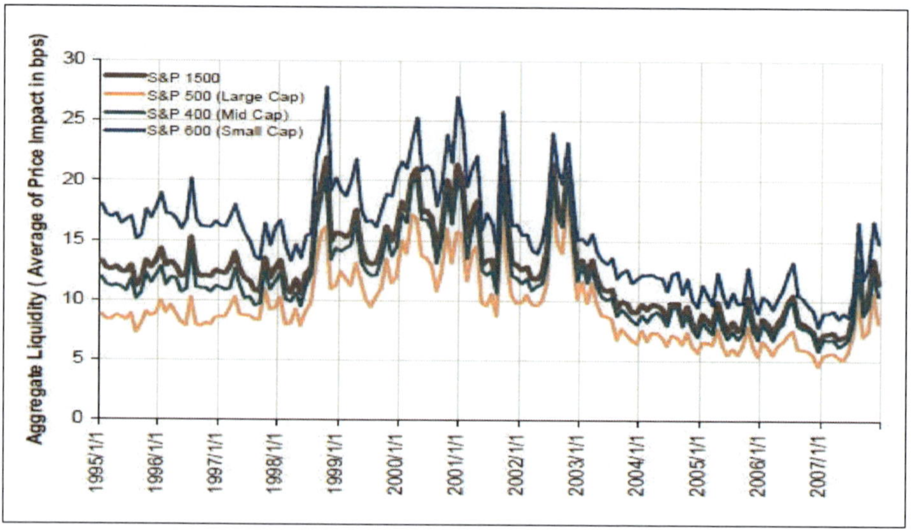

Quelle: Khandani/Lo (2008): S.30.

[392] Vgl. Hasbrouck/Sofianos (1993): S: 1568-1570 und Harris/McInish/Chakravarty (1995): S.327f.

Anhang 22: Kumulative Rendite einer m-Minuten-Mean-Reversion-Strategie.

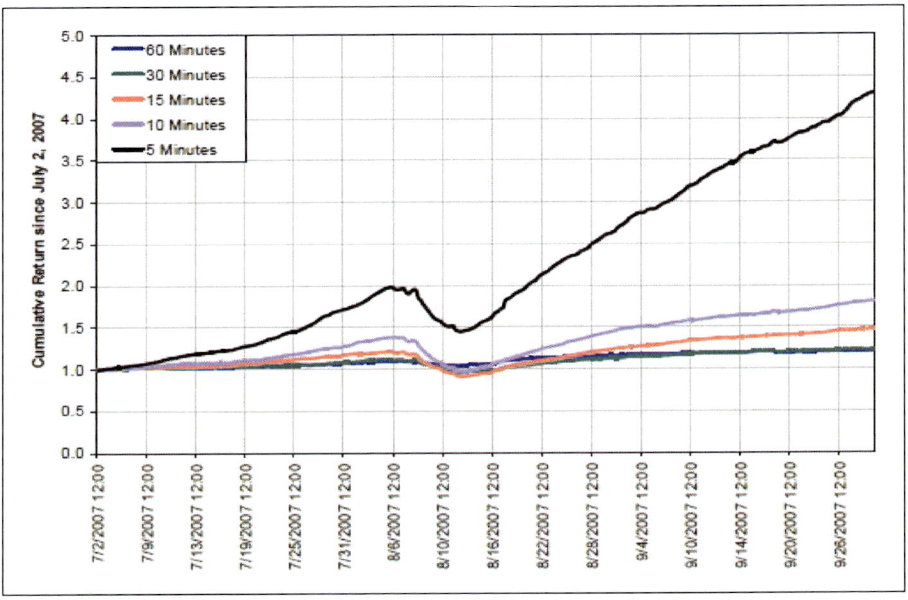

Quelle: Khandani/Lo (2008): S.33.

Anhang 23: Durchschnittliche Renditen einer Mean-Reversion-Strategie (auf Fünf-Minuten-Renditen angewendet).

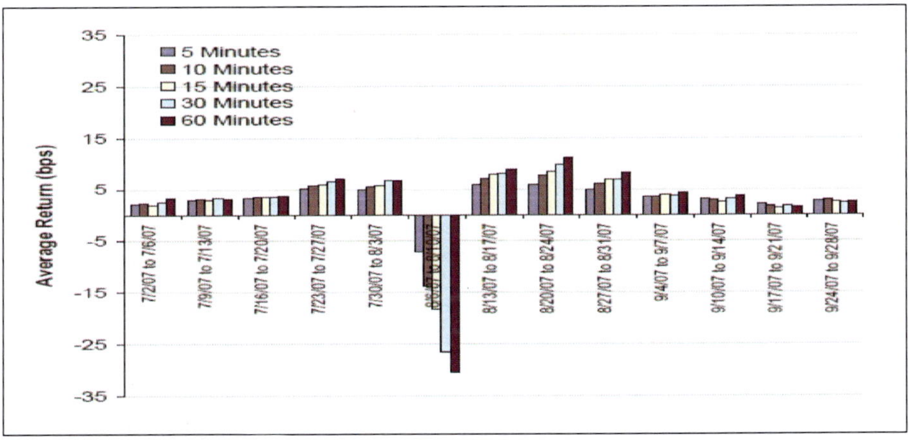

Quelle: Khandani/Lo (2008): S.34.

Anhang 24: Performance der hochfrequenten „Contrarian-Strategy“ (Abschnitt A) & Performance der täglichen „Contrarian-Strategy“ (Abschnitt B).

Panel A: High-Frequency Contrarian Strategy

Date	Average Return (bps)				
	5 Minutes	10 Minutes	15 Minutes	30 Minutes	60 Minutes
8/1/2007	5.06	6.81	5.15	8.02	7.37
8/2/2007	6.74	6.97	8.47	9.48	9.02
8/3/2007	4.28	2.93	1.77	1.47	-0.62
8/6/2007	-1.30	-2.57	-3.57	-8.75	-5.30
8/7/2007	-1.12	-6.32	-10.14	-14.55	-15.43
8/8/2007	-18.69	-31.60	-40.99	-56.82	-62.49
8/9/2007	-9.82	-16.86	-20.87	-27.65	-26.06
8/10/2007	-4.38	-11.41	-16.25	-25.15	-42.97
8/13/2007	-4.90	-10.29	-15.17	-23.18	-28.69
8/14/2007	5.39	7.72	8.30	10.12	10.28
8/15/2007	6.79	8.96	9.63	8.46	8.35
July Sigma	1.58	1.96	2.15	2.58	3.53

Panel B: Daily Contrarian Strategy

Construction Date	Total Holding Period Return (%)				
	1 Day	2 Days	3 Days	4 Days	5 Days
8/1/2007	0.14	-1.03	-2.69	-2.57	-0.34
8/2/2007	-0.76	-1.62	-2.57	-2.63	-2.79
8/3/2007	-0.30	-0.57	0.65	0.29	2.04
8/6/2007	-1.47	-1.79	-1.75	1.24	3.44
8/7/2007	-2.88	-4.49	1.38	4.00	4.52
8/8/2007	-3.99	3.79	7.81	8.31	8.20
8/9/2007	6.85	10.12	9.83	9.47	8.96
8/10/2007	-1.46	-1.71	-1.48	-1.84	-1.49
8/13/2007	0.19	0.82	3.79	4.61	3.77
8/14/2007	-0.95	-0.83	0.22	0.34	0.56
8/15/2007	-1.34	-0.58	0.31	0.76	1.69
Jan. to Jul. 2007 Sigma	0.36	0.49	0.59	0.66	0.69

Quelle: Khandani/Lo (2008): S.36.

Anhang 25: Relativer Anstieg des Preiseinfluss-Koeffizienten $\hat{\lambda}_i$ (basierend auf Gleichung (22)).

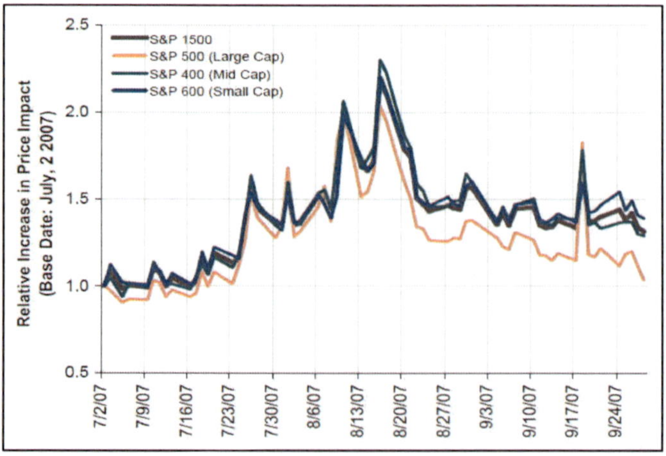

Quelle: Khandani/Lo (2008): S.38.

Anhang 26: Tägliche Rendite verschiedener Hedgefonds-Indizes.

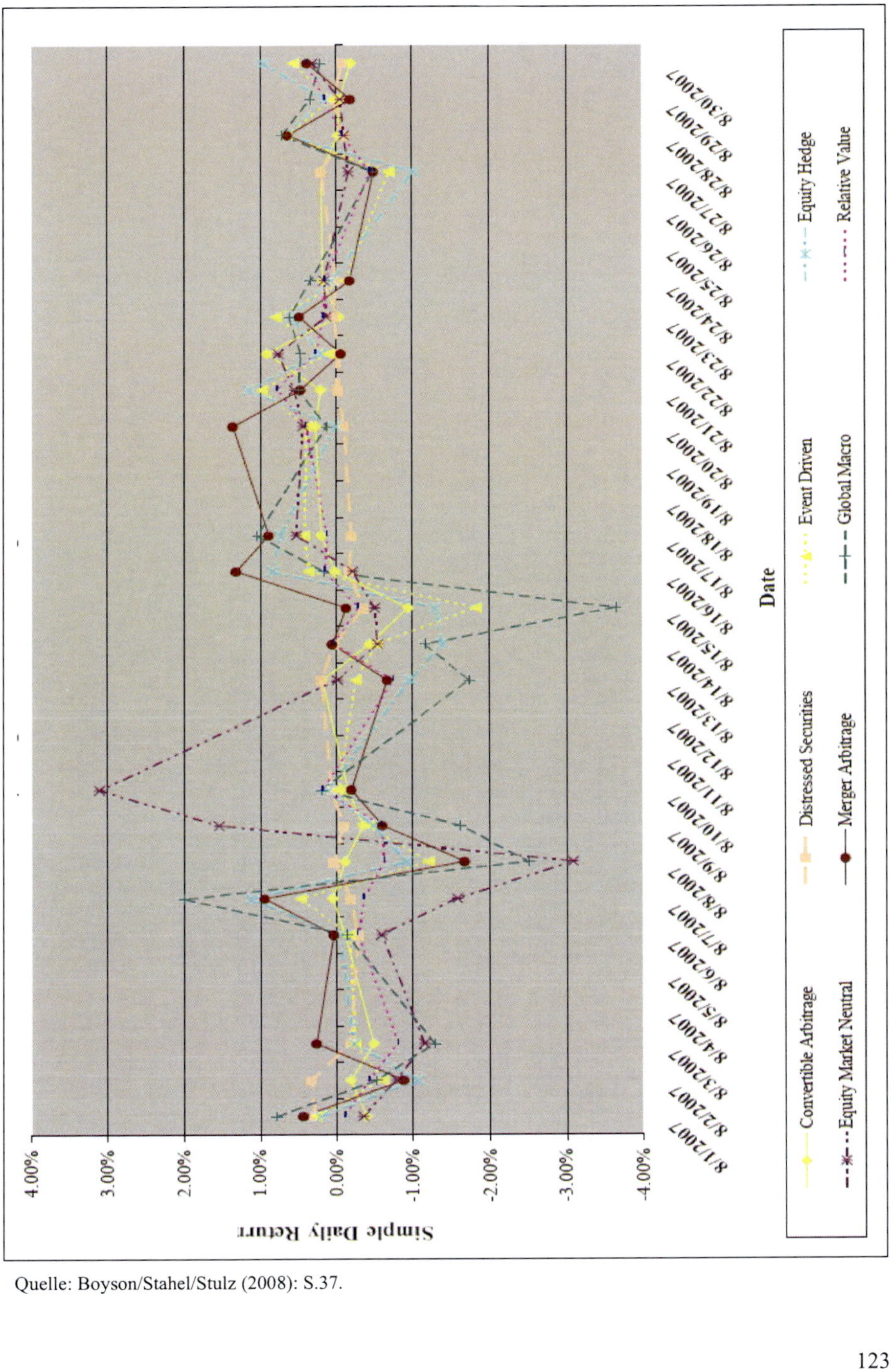

Quelle: Boyson/Stahel/Stulz (2008): S.37.

Anhang 27: Änderung der Korrelationen zwischen verschiedenen Hedgefonds-Strategien.

	Convertible Arbitrage	Dedicated Short Bias	Emerging Markets	Equity Market Neutral	Event Driven	Fixed Income Arbitrage	Global Macro	Long/Short Equity	Managed Futures	Event Driven Multi-Strategy	Distressed	Risk Arbitrage	Multi-Strategy
Convertible Arbitrage		-1%	-24%	-4%	-7%	-38%	11%	6%	-18%	-14%	1%	-3%	31%
Dedicated Short Bias	-1%		3%	-35%	-6%	2%	4%	-12%	-15%	0%	-11%	-5%	46%
Emerging Markets	-24%	3%		-6%	-10%	-25%	-2%	11%	-9%	-11%	-10%	6%	45%
Equity Market Neutral	-4%	-35%	-6%		-33%	32%	6%	-15%	-18%	-25%	-40%	-7%	16%
Event Driven	-7%	-6%	-10%	-33%		-18%	-6%	4%	-16%	3%	-3%	0%	69%
Fixed Income Arbitrage	-38%	2%	-25%	32%	-18%		1%	-5%	-1%	-25%	-9%	-5%	-3%
Global Macro	11%	4%	-2%	6%	-6%	1%		-14%	15%	-13%	-2%	12%	34%
Long/Short Equity	6%	-12%	11%	-15%	4%	-5%	-14%		20%	10%	-7%	12%	69%
Managed Futures	-18%	-15%	-9%	-18%	-16%	-1%	15%	20%		-16%	-12%	-23%	19%
Event Driven Multi-Strategy	-14%	0%	-11%	-25%	3%	-25%	-13%	10%	-16%		1%	-2%	67%
Distressed	1%	-11%	-10%	-40%	-3%	-9%	-2%	-7%	-12%	1%		3%	57%
Risk Arbitrage	-3%	-5%	6%	-7%	0%	-5%	12%	12%	-23%	-2%	3%		53%
Multi-Strategy	31%	46%	45%	16%	69%	-3%	34%	69%	19%	67%	57%	53%	

Quelle: Khandani/Lo (2007): S.35 (modifiziert).

Anhang 28: Durchschnitt und Median der absoluten Korrelationen.

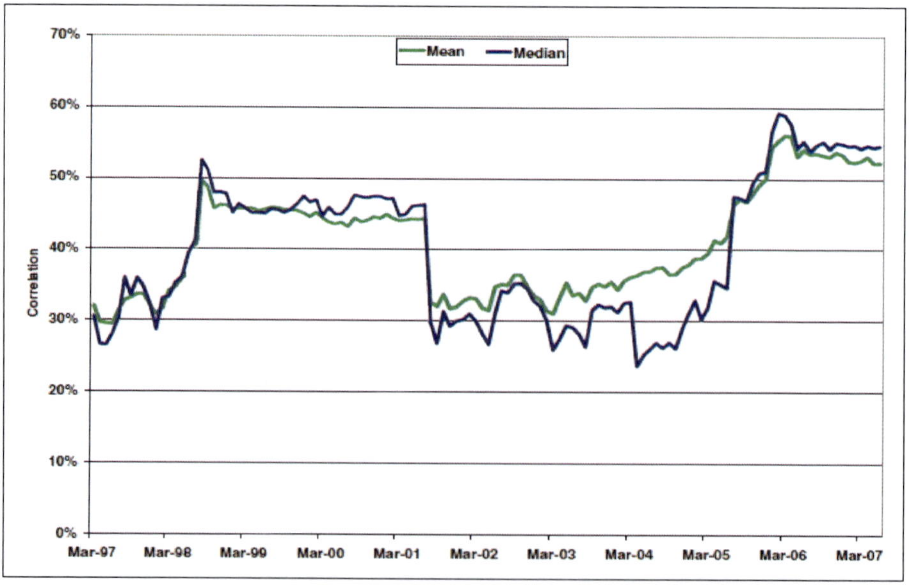

Quelle: Khandani/Lo (2007): S.37 (modifiziert).

Anhang 29: Literature-Review: „Contagion".

Folgende Literatur beschäftigt sich neben der bereits angeführten Literatur ausführlich mit der „Contagion": Claessens/Forbes (2001) und Rigobon (2001) beschäftigen sich grundlegend mit der Begriffsabgrenzung der „Contagion". Pericoli/Sbracia (2003) bieten einen Überblick über verschiedene Definitionen der „Contagion" und zeigen, dass man die „Contagion" u.a. mit Hilfe der Änderung einer Wahrscheinlichkeit einer Finanzkrise, Volatilitäts-„Spillovers", Sprüngen zwischen verschiedenen Gleichgewichten, Korrelationen zwischen Renditen und Änderungen in Transmissionsmechanismen messen kann. Auch die Studie von Dungey et al. (2004) bietet eine sehr gute Übersicht über bereits existierende empirische Messungen der „Contagion". Bae/Karolyi/Stulz (2000), Rigobon (2001) und Bekaert/Campbell/Ng (2003) untersuchen ebenfalls Verfahren zur Messung der „Contagion".[393]

Die Forschungen von Allen/Gale (2000), Cifuentes/Ferrucci/Shin (2005), Leitner (2005) und Adrian/Shin (2008a) stellen eine Verbindung zwischen der „Contagion" und der Liquidität her. Kyle/Xiong (2001) und Goldstein/Pauzner (2004) modellieren eine „Contagion" zwischen zwei Asset-Märkten und zeigen, dass sie sich durch Wohlstandseffekte verbreitet. Upper/Worms (2004) untersuchen die „Contagion" in Bezug auf den deutschen Interbankenmarkt und zeigen, dass das Risiko einer „Contagion" von der genauen Bestimmung der Verbindungen im Interbankenmarkt abhängt. Boyson/Stahel/Stulz (2006) untersuchen bereits in einer frühen Studie die „Contagion" von Hedgefonds und bestätigen, dass eine „Contagion" zwischen verschiedenen Hedgefonds-Styles existiert. Die Studien von Karolyi (2003) und Pesaran/Pick (2007) beschäftigt sich empirisch mit der „Contagion" bei Emerging-Markets[394]

[393] Vgl. Bae/Karolyi/Stulz (2000): S.31f., Rigobon (2002): S.32-34, Bekaert/Campbell/Ng (2003): S.20, Pericoli/Sbracia (2003): S.573-578 und Dungey et al. (2004): S.2.

[394] Vgl. Allen/Gale (2000): S.3, Kyle/Xiong (2001): S.1426f., Karolyi (2003): S.186, Goldstein/Pauzner (2004). S.174f., Upper/Worms (2004): S.847f., Cifuentes/Ferrucci/Shin (2005): S.556, Leitner (2005): S.2925, Boyson/Stahel/Stulz (2006): S.29-31 und Adrian/Shin (2008a): S.1.

Anhang 30: Zusammenfassende Statistik der monatlichen Renditen von HFR-Indizes und Markt-Faktoren & Korrelationen.

Panel 1: Summary statistics and simple correlations

	HFR Hedge Fund Indices								Main Market Factors		
	Convertible Arbitrage	Distressed Securities	Event Driven	Equity Hedge	Equity Market Neutral	Merger Arbitrage	Global Macro	Relative Value	Russell 3000 Index	Return on LB bond Index	Δ in FRB Dollar Index
Number of observations	212	212	212	212	212	212	212	212	212	212	212
Mean	0.79%	1.18%	1.14%	1.31%	0.72%	0.83%	1.19%	0.94%	0.94%	0.58%	0.07%
Median	0.99%	1.14%	1.34%	1.35%	0.65%	1.04%	0.84%	0.92%	1.39%	0.66%	0.00%
10% quantile return	-0.49%	-0.45%	-0.78%	-1.88%	-0.27%	-0.30%	-1.24%	-0.20%	-3.83%	-0.85%	-2.14%
90% quantile return	1.78%	2.88%	3.12%	4.46%	1.91%	1.96%	3.98%	2.03%	6.05%	1.89%	2.56%
Standard deviation	1.00%	1.68%	1.83%	2.46%	0.88%	1.20%	2.31%	1.01%	4.01%	1.09%	1.81%
Skewness	-1.082	-0.631	-1.272	0.209	0.186	-2.504	0.405	-0.813	-0.585	-0.398	-0.190
Excess kurtosis	2.028	6.018	4.818	1.599	0.566	11.282	0.796	10.630	1.085	0.633	0.438
Correlations											
Convertible Arbitrage	1.00	0.55	0.57	0.45	0.22	0.46	0.40	0.60	0.30	0.18	-0.03
Distressed Securities		1.00	0.79	0.59	0.20	0.52	0.47	0.68	0.44	0.03	-0.06
Event Driven			1.00	0.78	0.24	0.73	0.56	0.64	0.69	0.06	-0.02
Equity Hedge				1.00	0.38	0.50	0.60	0.54	0.72	0.07	0.04
Equity Market Neutral					1.00	0.25	0.28	0.28	0.16	0.19	0.04
Merger Arbitrage						1.00	0.32	0.47	0.50	0.08	-0.02
Global Macro							1.00	0.40	0.41	0.33	-0.02
Relative Value								1.00	0.39	0.06	-0.06
Russell 3000 return									1.00	0.12	0.06
Return on LB bond Index										1.00	0.21
Δ in FRB Dollar Index											1.00

Panel 2: Autocorrelation test for significance at 6 lags

	Convertible Arbitrage	Distressed Securities	Event Driven	Equity Hedge	Equity Market Neutral	Merger Arbitrage	Global Macro	Relative Value
Ljung-Box test (1-6)	**80.41**	57.68	**19.57**	11.08	**34.76**	12.03	**14.15**	**27.41**
p-value	<.0001	<.0001	0.00	0.09	<.0001	0.06	0.03	0.00

Panel 3: Normality test

	Convertible Arbitrage	Distressed Securities	Event Driven	Equity Hedge	Equity Market Neutral	Merger Arbitrage	Global Macro	Relative Value
Jarque-Bera Test	**74.42**	**316.00**	**249.58**	**22.29**	3.64	**1285.21**	**10.68**	**969.71**
***p*-value**	<.0001	<.0001	<.0001	<.0001	0.16	<.0001	0.00	<.0001

Quelle: Boyson/Stahel/Stulz (2008): S.28.

Anhang 31: Untersuchung der „Contagion“ (die eingeklammerten Werte sind t-Werte. Koeffizienten, die mit einem *, **, oder einem * gekennzeichnet wurden, sind statistisch signifikant bei einem Niveau von einem Prozent, fünf Prozent bzw. zehn Prozent).**

	Conv. Arbitrage	Distressed Securities	Event Driven	Equity Hedge	Equity Market Neutral	Merger Arbitrage	Global Macro	Relative Value
Constant	-3.276***	-4.283***	-4.092***	-2.770***	-5.740***	-3.101***	-3.426***	-2.864***
	(-10.04)	*(-10.61)*	*(-10.97)*	*(-10.15)*	*(-11.03)*	*(-10.86)*	*(-10.99)*	*(-10.62)*
Continuous Variables								
Russell 3000	-0.478	-0.625*	-0.765**	0.122	0.087	-0.299	-0.177	-0.130
	(-1.41)	*(-1.93)*	*(-2.12)*	*(0.38)*	*(0.26)*	*(-0.92)*	*(-0.51)*	*(-0.40)*
Return on LB bond index	-0.492	1.032***	-0.177	-0.369	1.283***	-0.574*	0.181	-0.5892**
	(-1.66)	*(3.21)*	*(-0.55)*	*(-1.33)*	*(3.88)*	*(-1.93)*	*(0.61)*	*(-1.96)*
Change in FRB dollar index	0.100	0.176	-1.043***	-0.183	-0.835***	0.226	-0.760***	-0.347
	(0.37)	*(0.68)*	*(-3.46)*	*(-0.66)*	*(-2.83)*	*(0.85)*	*(-2.58)*	*(-1.28)*
Equally Weighted Return on other hedge fund indices	-2.192***	-0.815	-1.468**	-0.630	-2.156***	-0.746	-1.204**	-1.430***
	(-3.24)	*(-1.45)*	*(-2.28)*	*(-1.42)*	*(-2.72)*	*(-1.34)*	*(-1.97)*	*(-2.41)*
Contagion Variables								
Market Indicator Variables								
Bottom 10% return in Russell 3000	-0.456	-0.875	1.119*	-0.425	2.294***	-0.771	0.928	0.297
	(-0.73)	*(-1.36)*	*(1.75)*	*(-0.58)*	*(3.66)*	*(-1.13)*	*(1.41)*	*(0.45)*
Bottom 10% return in Bond index	-1.378	0.744	-1.286	-0.766	-0.235	0.040	-0.117	-0.708
	(-1.58)	*(0.73)*	*(-1.38)*	*(-0.91)*	*(-0.25)*	*(0.05)*	*(-0.13)*	*(-0.89)*
Bottom 10% return in FRB index	0.561	2.065***	-1.327*	0.916	-1.640*	-0.380	-0.830	-2.172**
	(0.75)	*(2.80)*	*(-1.70)*	*(1.28)*	*(-1.94)*	*(-0.45)*	*(-1.08)*	*(-2.18)*
Other Hedge Fund Index Indicator Variable								
COUNT	-0.005	0.886***	0.307*	0.307*	1.136***	0.439***	0.331*	0.115
	(-0.03)	*(4.24)*	*(1.67)*	*(1.79)*	*(4.62)*	*(2.38)*	*(1.82)*	*(0.64)*
R^2 MAX	0.490	0.656	0.732	0.244	0.915	0.414	0.541	0.416

Quelle: Boyson/Stahel/Stulz (2008): S.29.

Anhang 32: Untersuchung der „Contagion": Kontrolle der Nichtlinearität und weiterer Faktoren (die eingeklammerten Werte sind t-Werte. Koeffizienten, die mit einem *, **, oder einem * gekennzeichnet wurden, sind statistisch signifikant bei einem Niveau von einem Prozent, fünf Prozent bzw. zehn Prozent).**

	Conv. Arbitrage	Distressed Securities	Event Driven	Equity Hedge	Equity Market Neutral	Merger Arbitrage	Global Macro	Relative Value
Constant	-3.942***	-4.703***	-5.042***	-3.816***	-7.349***	-4.496***	-4.173***	-2.930***
	(-10.48)	*(-11.04)*	*(-10.16)*	*(-10.01)*	*(-11.06)*	*(-10.06)*	*(-11.23)*	*(-11.22)*
Russell 3000 return	-1.577***		-2.047***					
	(-4.19)		*(-6.04)*					
Return on LB bond index		0.645***		2.789***		-2.693***		
		(2.65)		*(3.62)*		*(-3.48)*		
Change in FRB dollar index			-0.499***				-0.760***	
			(-2.55)				*(-3.52)*	
Eq. wtd. ret. on other HFR indices	-0.975	-0.729	-0.648	-0.737**	-2.657***	-0.584	-2.063***	-2.000***
	(-1.47)	*(-1.30)*	*(-0.99)*	*(-2.14)*	*(-3.47)*	*(-0.98)*	*(-3.50)*	*(-3.72)*
Return on 3 month T-bill	-15.396***							
	(-3.99)							
S&P volatility	-0.046***	0.025				0.070***		
	(-2.72)	*(1.59)*				*(5.19)*		
FRB dollar index volatility				0.230***		-0.215***	-0.163***	
				(2.71)		*(-4.67)*	*(-2.91)*	
LB bond index volatility	-0.267***							
	(-3.85)							
Return on negative portion of S&P		-0.279***			-0.632***	-0.297***		
		(-3.32)			*(-6.52)*	*(-2.44)*		
Size spread	-0.288***	-0.176***	-0.275***		-0.337***	-0.251***		
	(-3.55)	*(-2.76)*	*(-3.35)*		*(-4.41)*	*(-3.50)*		
Δ in 10-year constant maturity YTM				0.122***	-0.040***	-0.067***		
				(4.05)	*(-5.06)*	*(-2.40)*		
BAA-AAA spread							1.004***	
							(4.57)	
Lookback Straddle factors								
Lookback on bonds								
Lookback on currencies				-5.772***				
				(-3.60)				
Lookback on commodities						-6.016***	5.795***	
						(-3.75)	*(4.33)*	
Lookback on short term interest rates	2.437***	-2.885***					-2.851***	
	(2.64)	*(-2.90)*					*(-2.70)*	
Lookback on equities			-3.097***					
			(-3.74)					
Contagion Variables								
Market Indicator Variables								
Bottom 10% return in Russell 3000						-2.807***		
						(-3.58)		
Bottom 10% return in Bond index								
Bottom 10% return in FRB index		1.867***		1.865***				
		(3.42)		*(3.67)*				
Other Hedge Fund Index Indicator Contagion Variable								
COUNT	0.099	0.605***	0.293*	0.473***	0.822***	0.150	0.482***	0.020
	(0.57)	*(3.16)*	*(1.77)*	*(2.87)*	*(3.73)*	*(0.79)*	*(2.60)*	*(0.12)*
R^2 MAX	0.637	0.703	0.782	0.457	0.961	0.669	0.708	0.369

Quelle: Boyson/Stahel/Stulz (2008): S.30.

Anhang 33: Wahrscheinlichkeit einer „Contagion“ in Abhängigkeit von der COUNT-Variable.

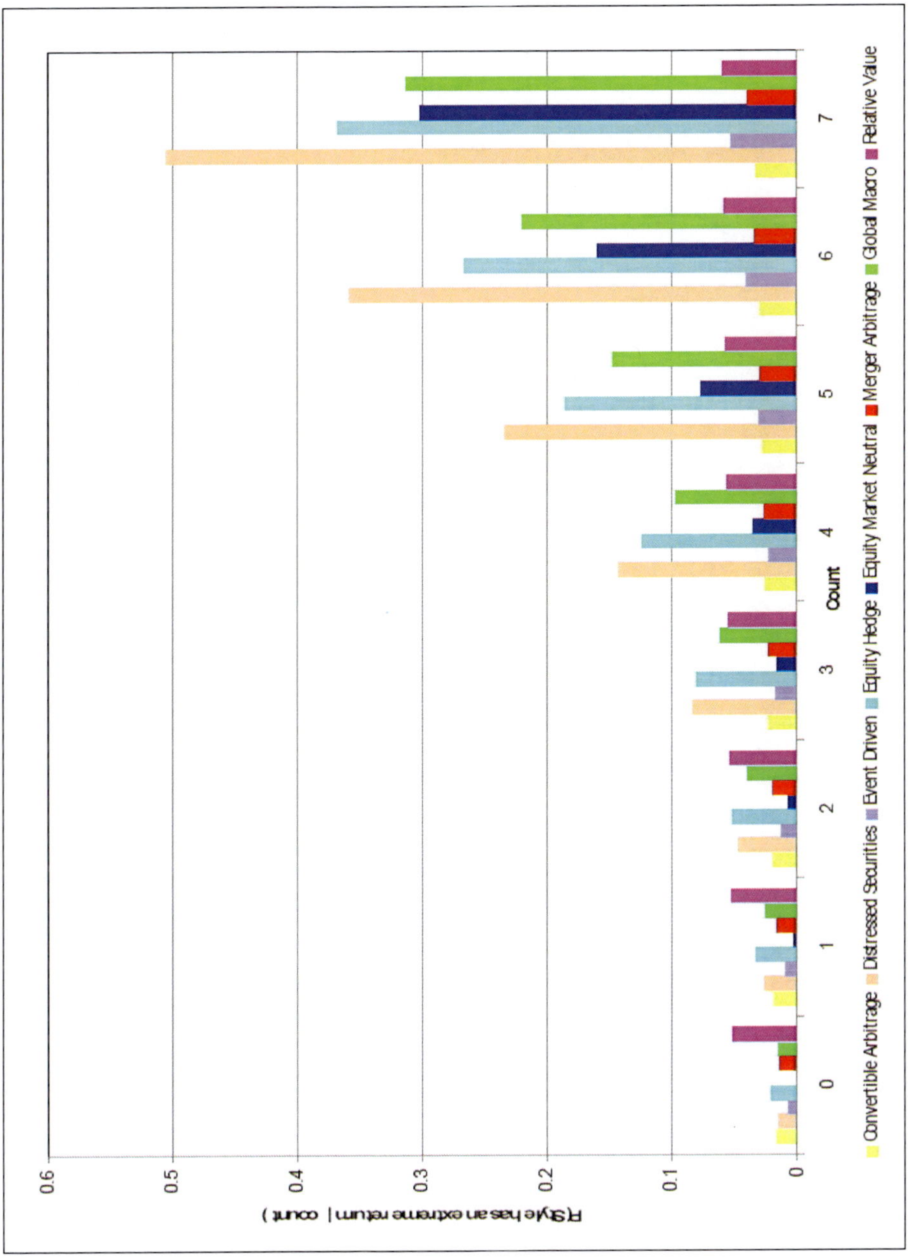

Quelle: Boyson/Stahel/Stulz (2008): S.39.

Anhang 34: Anzahl der Zehn-Prozent-Tail-Events (Wert der COUNT-Variable).

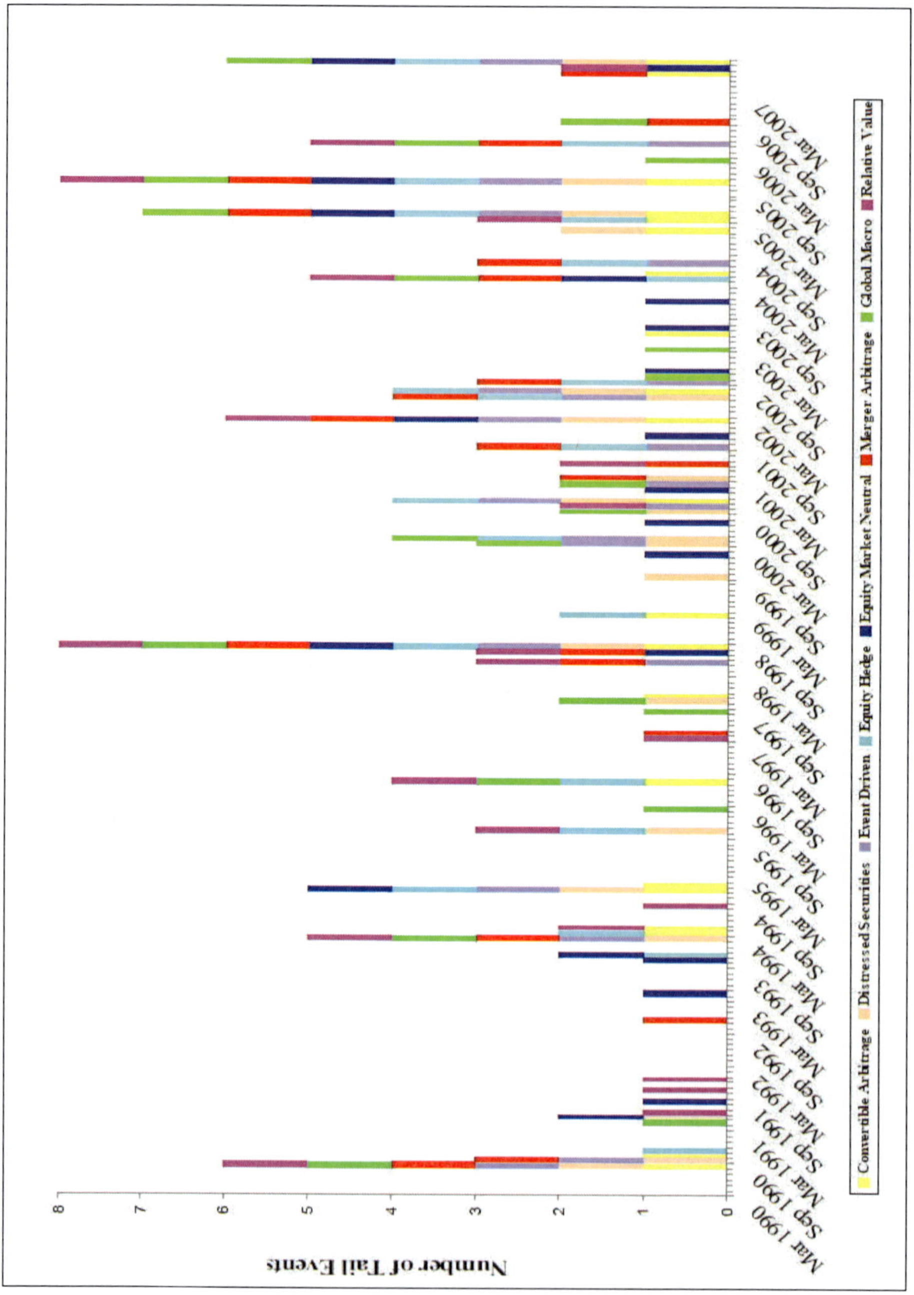

Quelle: Boyson/Stahel/Stulz (2008): S.38.

Anhang 35: Verbindung zwischen den Liquiditätstellvertretern und der Liquidität.

- PBI: Schocks, die dazu führen, dass die finanzielle Stärke von Hedgefonds-Intermediären betroffen ist, können sich negativ auf Hedgefonds in Form von steigenden Margins auswirken. Hierbei handelt es sich um eine direkte Berechnung.[395]
- BANK: siehe PBI.[396]
- CRSPRD: Steigende Spreads bedeuten höhere Ausleih-Kosten bzw. ein höheres Counterparty-Risk. Hierbei handelt es sich um eine inverse Berechnung.[397]
- REPO: Ein reduziertes Volumen bedeutet eine geringere Verfügbarkeit der Finanzierungsliquidität. Hierbei handelt es sich um eine direkte Berechnung.[398]
- STKLIQ: Im Rahmen dieser Messung wird die Reaktion des täglichen Preises, assoziiert mit einem US-Dollar Handelsvolumen, geschätzt. Als Resultat ergibt sich dann eine grobe Schätzung des Preiseinflusses. Zwar wird diese Schätzung für Aktienmärkte berechnet, jedoch kann ein Rückgang der Liquidität in den Aktienmärkten ebenfalls einen Rückgang der Liquidität in anderen Märkten bedeuten.[399] Wie bereits erwähnt haben Liquidierungen von Hedgefonds einen größeren Einfluss, wenn die Marktliquidität gering ist. Wenn Hedgefonds gezwungen sind ihre Positionen zu verkaufen, dann müssen sie bedeutend größere Mengen an Assets liquidieren zu einem Zeitpunkt an dem die Märkte illiquide sind, da ihre Liquidierungen die Preise der Assets nach unten treiben.[400]
- $FLOW_t$ und $FLOW_{t+1}$: Eine schlechte Performance bei Hedgefonds führt dazu, dass Investoren aus den Fonds aussteigen wollen. Angesichts dieser Tatsache, die von den Hedgefonds antizipiert wird, werden Assets liquidiert, was wiederum zu Preisdruck und Market-to-Market Verlusten führen kann. Es werden die monatlichen Nettoflüsse der Fonds für jeden Fond separat berechnet und für jeden Hedgefonds-Style aufaddiert.[401] Danach werden für jeden Hedgefonds-Style die monatlichen prozentualen Änderungen der Nettoflüsse berechnet. Dabei werden sowohl der kontemporäre, als auch der um einen Monat vorweggehende Nettofluss ($FLOW_t$ und $FLOW_{t+1}$) berücksichtigt. Normalerweise geben Hedgefonds ihren Investoren nicht die Möglichkeit innerhalb eines Monats auszu-

[395] Vgl. Boyson/Stahel/Stulz (forthcoming): S.30.
[396] Vgl. Boyson/Stahel/Stulz (forthcoming): S.30.
[397] Vgl. Boyson/Stahel/Stulz (forthcoming): S.30.
[398] Vgl. Boyson/Stahel/Stulz (forthcoming): S.30.
[399] Die Forschung von Chordia/Sarkar/Subrahmanyam (2005) beschäftigt sich mit dem Zusammenhang zwischen der Liquidität verschiedener Märkte und zeigt starke Relationen zwischen den Märkten. Vgl. Chordia/Sarkar/Subrahmanyam (2005): S.125f.
[400] Vgl. Boyson/Stahel/Stulz (2008): S.19.
[401] Der monatliche Nettofluss wird mit Hilfe der Daten aus der CSFB/Tremont-Hedgefonds-Datenbank berechnet. Vgl. Boyson/Stahel/Stulz (2008): S.20.

steigen, daher kann es vorkommen, dass der kommende Monat Rückkäufe, die während des aktuellen Monats gefordert wurden, enthält.

Anhang 35 (Fortsetzung): Verbindung zwischen den Liquiditätstellvertretern und der Liquidität.

Somit wird die Problematik bei der Bewertung der Nettoflüsse offensichtlich. Große Nettoflüsse könnten auch aus schlechten Renditen resultiert sein. Hierbei handelt es sich um eine direkte Berechnung[402]

[402] Vgl. Boyson/Stahel/Stulz (2008): S.20.

Anhang 36: Zusammenfassende Statistik von Variablen zur Messung der Asset- und Finanzierungsliquidität (Werte, die mit einem * gekennzeichnet sind identifizieren Signifikanz bei einem Fünf-Prozent-Niveau).

	Credit Spread	Liquidity Measure	Repo Volume	Hedge Fund Flows, Contemporaneous	Bank Index	Prime Broker Index
Number of observations	212	212	157	212	212	212
Mean	0.066	-0.096%	1.307%	0.717%	1.285%	1.912%
Median	0.000	-1.323%	1.086%	0.833%	1.368%	1.942%
25th percentile cutoff	-8.00	-13.747%	-0.198%	0.016%	-0.185%	-0.219%
75th percentile cutoff	8.00	9.600%	0.359%	0.144%	0.494%	0.610%
Standard deviation	14.596	21.500%	0.434%	0.170%	0.557%	0.709%
Skewness	0.200	1.229	0.298	-2.127	-0.296	-0.274
Excess kurtosis	1.846	3.598	0.540	35.072	1.838	1.802
Correlations						
Percent Change in BAA-AAA Credit Spread	1.00	0.03	0.04	0.00	-0.04	-0.21*
Percent Change in Amihud's Liquidity Measure		1.00	-0.11	-0.01	-0.25*	-0.22*
Percent Change in Repo Volume			1.00	-0.13	-0.05	-0.02
Percent Change in Contemporaneous H.F. Flows				1.00	-0.07	-0.11
Bank Index Equally-weighted Return					1.00	0.82*
Prime Broker Index Equally-weighted Return						1.00

Quelle: Boyson/Stahel/Stulz (2008): S.31 (modifiziert).

Anhang 37: Bedingte Durchschnittswerte der COUNT8-Variable. (Differenzen der Mittelwerte, die mit einem *, **, oder einem * gekennzeichnet wurden, sind statistisch signifikant bei einem Niveau von einem Prozent, fünf Prozent bzw. zehn Prozent).**

	Number	Mean of *COUNT8*
Indicator Variable = Bottom Decile Returns for Prime Broker Index (PBI)		
PBI = 0	189	0.59
PBI = 1	21	2.71
Difference in *COUNT8* Means: (PBI=1 less PBI=0)		2.11***
		(4.23)
Indicator Variable = Bottom Decile Returns for Bank Index (BANK)		
BANK = 0	189	0.58
BANK = 1	21	2.76
Difference in *COUNT8* Means: (BANK=1 less BANK=0)		2.22***
		(4.43)
Indicator Variable = Decile with Largest Amihud Liquidity Measure (STKLIQ)		
STKLIQ = 0	189	0.86
STKLIQ = 1	21	3.14
Difference in *COUNT8* Means: (STKLIQ=1 less STKLIQ=0)		2.28***
		(2.60)
Indicator Variable = Top Decile BAA-AAA Credit Spread (CRSPRD)		
CRSPRD= 0	189	0.72
CRSPRD= 1	21	1.52
Difference in *COUNT8* Means: (CRSPRD=1 less CRSPRD=0)		0.80
		(1.63)
Indicator Variable =Decile with Largest Decreases in Repo Volume (REPO)		
REPO = 0	141	0.80
REPO = 1	16	1.44
Difference in *COUNT8* Means: (REPO=1 less REPO=0)		*(1.27)*
Indicator Variable = Top Decile Fund Outflows (Contemporaneous) ($FLOW_t$)		
$FLOW_t = 0$	189	0.83
$FLOW_t = 1$	21	0.57
Difference in *COUNT8* Means: ($FLOW_t$=1 less $FLOW_t$=0)		-0.26
		(-0.84)
Indicator Variable = Top Decile Fund Outflows ($FLOW_{t+1}$)		
$FLOW_{t+1} = 0$	189	0.70
$FLOW_{t+1} = 1$	21	1.43
Difference in *COUNT8* Means: ($FLOW_{t+1}$=1 less $FLOW_{t+1}$=0)		0.73
		(1.39)
Indicator Variable = Top Decile STKLIQ *and* Bottom Decile PBI		
PBI * STKLIQ = 0	204	0.696
PBI * STKLIQ = 1	6	4.333
Difference in *COUNT8* Means: ([PBI * STKLIQ] = 1 less [PBI * STKLIQ] = 0)		3.637***
		(6.15)

Quelle: Boyson/Stahel/Stulz (2008): S.32.

Anhang 38: „Contagion"-Regression einschließlich der Liquiditätsstellvertreter. (die eingeklammerten Werte sind t-Werte. Koeffizienten, die mit einem *, **, oder einem * gekennzeichnet wurden, sind statistisch signifikant bei einem Niveau von einem Prozent, fünf Prozent bzw. zehn Prozent).**

Dependent Variable: COUNT8

	Liquidity Proxy = PBI	Liquidity Proxy = BANK	Liquidity Proxy = STKLIQ	Liquidity Proxy = CRSPRD	Liquidity Proxy = REPO	Liquidity Proxy = FLOW$_t$ and FLOW$_{t+1}$	ALL Liquidity Proxies Included
Constant	-1.411***	-1.199***	-1.462***	-1.246***	-1.185***	-1.410***	-2.102***
	(-7.13)	*(-6.32)*	*(-7.25)*	*(-6.46)*	*(-4.82)*	*(-6.38)*	*(-5.89)*
Liquidity Proxies: Continuous							
PBI	0.262						0.235
	(1.42)						*(0.70)*
BANK		0.238					-0.026
		(1.60)					*(-0.09)*
STKLIQ			-0.246**				-0.168
			(-2.01)				*(-1.03)*
CRSPRD				-0.053			-0.188
				(-0.34)			*(-0.83)*
REPO					-0.215		-0.161
					(-1.04)		*(-0.71)*
FLOW$_t$						0.133	0.333**
						(0.99)	*(1.95)*
FLOW$_{t+1}$						-0.033	0.063
						(-0.22)	*(0.31)*
Liquidity Proxies: Indicator							
PBI	1.161***						0.633*
	(3.80)						*(1.70)*
BANK		0.186					-0.167
		(0.69)					*(-0.48)*
STKLIQ			1.172***				0.847**
			(4.05)				*(2.15)*
CRSPRD				0.566*			0.572
				(1.82)			*(1.63)*
REPO					-0.512		-0.340
					(-1.27)		*(-0.81)*
FLOW$_t$						0.209	0.582
						(0.69)	*(1.62)*
FLOW$_{t+1}$						0.626**	0.650
						(2.10)	*(1.63)*
Pseudo R^2	0.646	0.616	0.651	0.618	0.790	0.634	0.843

Quelle: Boyson/Stahel/Stulz (2008): S.33.

Anhang 39: Zusammenbruch verschiedener Hedgefonds-Strategie in der zweiten Augustwoche 2007.

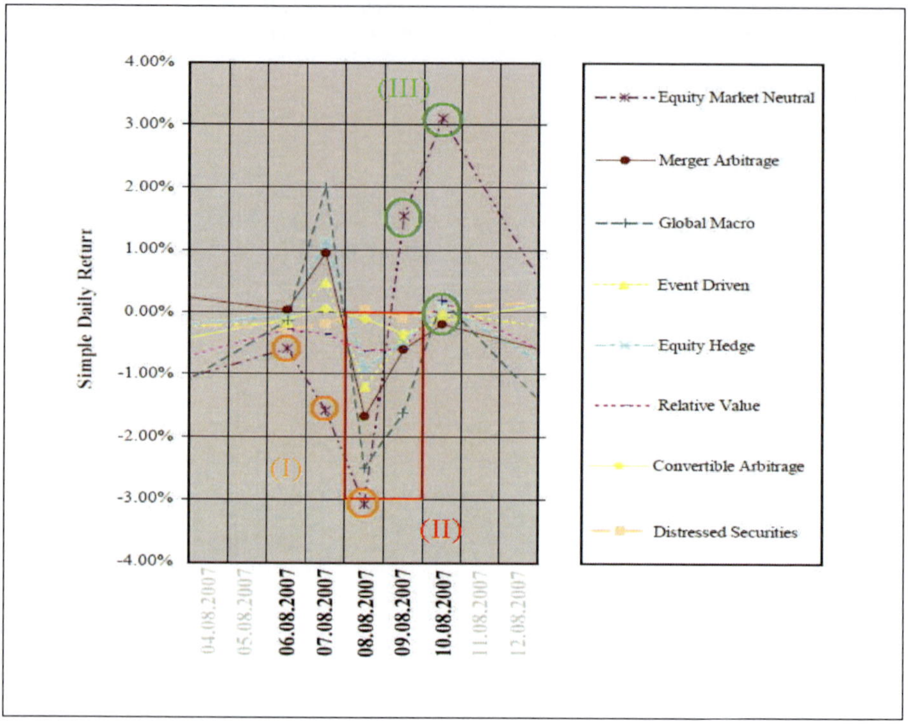

Quelle: Boyson/Stahel/Stulz (2008): S.37 (modifiziert).